BIENVENUE À NEW YORK

W0386757

Chrysler Building.
ozgurdonmaz/Getty Images Plus

OFF DUTY
9V56

Arriver à New York

Depuis John F. Kennedy (JFK)

www.jfkairport.com
À 24 km au sud-est de Manhattan.
Navette partagée (shuttle) – www.supershuttle.com, www.goairlinkshuttle.com. Adressez-vous au service *Ground Transportation* dans le hall du terminal d'arrivée. Comptez 45-50 $ par personne et 1h-1h30 de trajet.
Taxi – Trajet : 30-50mn selon trafic. Prix fixe pour Manhattan (compteur sinon) : 70 $, surcoût de 5 $ aux heures de pointe et pourboire (15-20 %).
Métro – En sortant du terminal, suivez les panneaux **AirTrain,** petit train reliant *via* 2 stations (Howard Beach ou Jamaica) les lignes A, E, J et Z du métro, selon votre quartier de destination. Le AirTrain coûte 8,25 $ (vous pouvez payer à l'arrivée), auquel il faut ajouter 2,75 $ pour la correspondance avec le métro.
Train LIRR (Long Island Rail Road) – Plus rapide que le métro pour rejoindre Midtown ou Downtown Brooklyn. Après le AirTrain, il faut emprunter le LIRR à la station Jamaica en direction de Penn Station (35mn), Grand Central Madison ou encore Atlantic Terminal à Brooklyn. Comptez 13,50-25 $ le trajet AirTrain compris.

Depuis LaGuardia (LGA)

laguardiaairport.com
À 13 km à l'est du centre-ville.
Navette partagée (shuttle) – Rejoignez le service *Welcome Center* dans le hall de votre terminal : un agent indique le point de départ de la navette. Environ 20 $/pers. et 30-45mn de trajet.
Taxi – Prix : 35-70 $ pour Manhattan ou Downtown Brooklyn (plus pourboire). Trajet : 10-20mn de l'aéroport à la station de taxis, puis 30mn jusqu'à Manhattan.

Depuis Newark (EWR)

newarkairport.com
À 26 km au sud-ouest de Manhattan, dans le New Jersey.
Navette partagée (shuttle) – Même principe que depuis JFK et LaGuardia.
Taxi – Trajet 45mn-1h pour Manhattan. 70-90 $, plus pourboire et surcoût de 5 $ aux heures de pointe.
New York Express Bus – Il dessert Midtown : Grand Central Station, Bryant Park et Port Authority Bus Terminal. Comptez 18 $ le trajet.
Train – Suivez les panneaux **AirTrain**. Ce monorail permet d'accéder aux trains reliant Newark à New York (Penn Station) en 30mn. Billet combiné AirTrain + New Jersey Transit : 15,75 $.
Se déplacer en centre-ville p. 142.

Taxis dans Manhattan.
RightFramePhotoVideo/Getty Images Plus

Nos incontournables

notre sélection des plus beaux sites

★★ Greenwich Village
Plan AB6 - p. 40

★★★ Museum of Modern Art
Plan C4 - p. 60

★★★ SUMMIT One Vanderbilt
Plan C5 - p. 66

★★★ Central Park
Plan E2, D3, C-D4 - p. 69

★★★ Metropolitan Museum of Art – Plan D3 - p. 75

★★★ Empire State Building
Plan C5 - p. 57

★★★ Brooklyn Bridge
Plan B8 - p. 26

★★ SoHo
Plan B7 - p. 32

★★ Times Square
Plan C5 - p. 56

★★★ Statue of Liberty
Plan A8 - p. 22

Nos coups de cœur

Prendre un verre dans un des rooftop bars de New York. Apéro flamboyant au coucher du soleil pour savourer un cocktail et ces vues panoramiques sur la ville. p. 114-119.

Perdre la notion du temps à la Morgan Library : outre la beauté des lieux où boiseries, tapisseries, vitraux, peintures, voûtes et bas-reliefs attireront votre attention, la magnifique collection d'ouvrages, livres, partitions et manuscrits rares finira de vous captiver. *p. 64.*

rmbarricarte/Getty Images Plus

Jardin médiéval des Cloisters.

Voyager au pays des movie stars. Vous visitez New York avec vos enfants ? Pourquoi ne pas pousser jusqu'au Queens, dans l'ancien quartier de l'industrie du cinéma, sur le site des studios Astoria ? C'est là qu'a élu domicile le Museum of the Moving Image. *p. 101.*

Assister à une messe gospel à Harlem le dimanche matin. Après le prêche enflammé et les chants entraînants, redescendez sur terre et terminez la matinée par un brunch dans le quartier. *p. 128 et 144.*

Explorer les marchés de Brooklyn le week-end en saison et déguster un *veggie burger* ou un brunch *healthy* en se mêlant aux familles et hipsters de Williamsburg. *p. 125.*

Découvrir le nouveau visage de West Midtown à Hudson Yards, ensemble conceptuel, architectural, artistique et commercial, véritable ville dans la ville. *p. 48 et 124.*

Se ressourcer dans le calme du jardin médiéval des Cloisters, un œil sur l'Hudson, l'autre sur les pierres silencieuses des cloîtres rapportés d'Europe... *p. 95.*

Se balader dans Upper West Side et respirer dans Riverside Park. Vous pourrez apprécier la nature et les vues sur l'Hudson, vous promener à vélo ou faire votre jogging hebdomadaire.

littleny/Getty Images Plus

Marché aux puces de Brooklyn.

Profitez aussi des *farmer's markets* puis du musée d'Histoire naturelle. *p. 84 et 90.*

Voir le soleil se coucher au bout de la 42nd Street, depuis la Tudor City Place. C'est aussi un des meilleurs endroits pour admirer le Chrysler Building. *p. 67.*

Remonter aux origines de New York dans Lower Manhattan. Appréciez son architecture en arpentant les rues pavées, là où tout a commencé. Traversez-le d'est en ouest, de South Street Seaport aujourd'hui réhabilité au New World Trade Center et admirez les contrastes. *p. 14.*

Se sentir tout petit sous les 17 m du squelette de barosaure à l'American Museum of Natural History. Un voyage dans le temps avec les enfants et, surtout, l'occasion d'entrevoir les incroyables richesses de ce musée, l'un des plus importants du monde dans son domaine. *p. 86.*

Flaner sur la High Line et Little Island, puis visiter le Whitney Museum, écrin signé Renzo Piano. Salles d'exposition lumineuses et modulables, terrasses à chaque étage, une réussite ! *p. 46 et 48.*

Admirer les rues couvertes de magnifiques fresques street art à Bushwick, quartier de Brooklyn en pleine mutation. *p. 99.*

New York en 3 jours

Jour 1

Matin

Commencez votre séjour en embrassant la topographie de New York du haut du **SUMMIT One Vanderbilt★★★** *(p. 66)* *ou* de l'**Empire State Building★★★** *(p. 57)*.

Midi

Pause pique-nique à **Bryant Park★** *(p. 58)* puis redescendez la **5th Avenue★★★** *(p. 57)* et passez devant le **Flatiron★ ★** *(p. 51)*, premier gratte-ciel de New York.

Après-midi

Explorez les **galeries de Chelsea★★** *(p. 46)*, descendez la **High Line★★** *(p. 48)* jusqu'au **Meatpacking District★★** *(p. 46)*, avant de flâner dans **Greenwich Village★★** *(p. 40)* et d'admirer l'architecture en fonte de **SoHo★★** *(p. 32)*.

Soir

Prenez un verre en terrasse au **Pier 57** *(p. 116)*, avec vue sur le jardin flottant de **Little Island★ ★**. Puis dînez dans une des tables tendances du **Lower East Side★** *(p. 106)*.

Jour 2

Matin

Prenez le large de bonne heure pour regarder de près la **statue de la Liberté★★★** *(p. 22)*. Une fois le pied posé à Manhattan, remontez le **Lower Manhattan★★★** *(p. 14)*.

Après-midi

Découvrez le site du **New World Trade Center★★★** *(p. 14)*, puis rejoignez le **South Street Seaport Historic District★★** *(p. 25)*, et traversez le **pont de Brooklyn★★★** *(p. 26)* jusqu'à **DUMBO★** *(p. 98)* et **Brooklyn Heights★ ★** *(p. 96)*, d'où les vues sur Manhattan sont *really incredible*.

Soir

Prévoyez une soirée **jazz** à **Greenwich Village★★** *(p. 40, 106 et 127)*.

En dehors de Manhattan

Incursion en fin de matinée dans Queens où les curieux d'art contemporain visiteront le **MoMA PS1★** *(p. 100)*. Les familles préféreront le **Museum of the Moving Image★★** *(p. 101)*. Rassasiez-vous chez **Casa Enrique** *(p. 112)* avant de rejoindre Brooklyn. D'abord **Williamsburg★** *(p. 98, 111, 119 et 128)*, ses adresses branchées et ses panoramas sur la skyline de Manhattan, puis **Bushwick** *(p. 99)*, musée en plein air du street art. Ne passez pas à côté d'un cocktail au **Westlight** *(p. 119)*, « rooftop » d'anthologie à Williamsburg !

Et les clubs alors ?

Vous trouverez votre bonheur sur les 27th et 28th Streets (entre les 10th et 11th Avenues) où se retrouvent les night-clubbers.

Jour 3

Matin

Matinée artistique au **Met★★★** *(p. 75)*, le Louvre new-yorkais.

Midi

Pique-niquez sur une pelouse de **Central Park★★★** *(p. 69)* après avoir fait des emplettes chez **Whole Foods Market** *(p. 110)*.

Après-midi

Continuez votre journée culturelle au **MoMA★★★** *(p. 60)*. Encore un peu d'énergie et beaucoup de moyens ? Shopping entre Madison et la **5th Avenue★★★** *(p. 57)*.

Soir

Pensez à vous reposer un peu avant votre soirée à **Broadway★** *(p. 54)*, surtout si le show démarre à 19h, puis perdez-vous dans les néons de **Times Square★★** *(p. 56)*.

Un quatrième jour ?

Complétez vos connaissances en peinture à la **Frick Collection★★★** *(p. 73)*. L'après-midi, visitez le **musée d'Histoire naturelle★★★** *(p. 86)*. Vous pouvez remplacer un des musées par une flânerie dans **Riverside Park★★** *(p. 90)* ou par du shopping à **SoHo★★** *(p. 32 et 121)*. Filez dîner en Asie, à **Koreatown** *(p. 52)* ou **Chinatown★★** *(p. 28 et 104)*.

palinchakjr/Getty Images Plus

Vue de Manhattan depuis la promenade de Brooklyn Heights.

seastreak

VISITER NEW YORK

New York et le One World Trade Center.
Tetra images/hemis.fr

New York aujourd'hui

L'écrivain américain E. B. White ne s'y était pas trompé, il y a trois New York : « Le New York de celui ou celle qui y est né, accepte la ville telle qu'elle est et considère sa taille et son agitation comme naturelles et inévitables ; le New York du banlieusard ; enfin le New York de la personne née ailleurs, venue y chercher quelque chose. Alors que les banlieusards procurent à la ville son mouvement incessant, les natifs lui confèrent solidité et continuité, et ce sont les nouveaux arrivants qui y insufflent de la passion. »

La ville se compose de cinq *boroughs* (districts). Le plus célèbre, **Manhattan** (1,6 million hab.), occupe une longue île encadrée par l'Hudson et l'East River. À l'est, les *boroughs* de **Brooklyn** (2,6 millions hab.) et du **Queens** (2,3 millions hab.) forment l'extrémité occidentale d'une autre île beaucoup plus étendue, Long Island. Au sud-ouest, l'île de **Staten Island** (475 000 hab.), au fond de la baie de New York, constitue un quatrième district. Le cinquième, le **Bronx** (1,45 million hab.), au nord, est le seul à ne pas être une île.

New York, ce n'est pas l'Amérique... Ou bien en est-ce au contraire un concentré ? En tout cas, c'est un **choc inoubliable**, qui ne laisse personne indifférent. Il suffit pour cela de se perdre dans les rues bigarrées que la littérature, le cinéma ou le jazz nous ont rendues si familières... Ou encore de parcourir les canyons taillés entre les falaises étincelantes de ses **gratte-ciel**, de flâner dans les **anciens quartiers** de Chinatown ou de Harlem, à l'atmosphère si cosmopolite, de courir au cœur de **Central Park**, où flotte encore le fantôme de *Marathon Man*, d'emprunter **Brooklyn Bridge** pour le spectacle de Manhattan surgissant d'East River... New York, « ville verticale », écrivait Céline, mégapole paradoxalement si conviviale, cité à la fois triviale et sophistiquée, populaire et élitiste, typiquement américaine et toujours européenne. Il y a la New York du jour, celle des cols blancs de **Wall Street** ou des marins de **Staten Island**, et puis il y a la New York de la nuit, celle des lumières de la ville, des pulsations multicolores de **Times Square** ou **Broadway**, celle des heures grises du petit matin, quand les musiciens de jazz quittant les clubs croisent les employés pressés jaillissant de **Grand Central Station**, tandis que les marchands de bagels arrangent leurs étals ambulants...

Quand tous les autres Américains parlent des New-Yorkais, c'est pour les dire arrogants, différents, encore que la fraternité née du 11-Septembre ait adouci les rapports tumultueux de New York avec le reste du pays. Quant aux New-Yorkais eux-mêmes, ils considèrent que leur ville est la plus belle, la plus importante, la ville de tous les superlatifs, capitale du monde sans aucun doute...

D'ailleurs, personne ne songerait à lui contester ce titre. Ici mieux qu'ailleurs, l'impression d'être au cœur de tout, qu'il se passe forcément quelque chose d'important est immédiate. Le rythme effréné de la ville vous gagne et ne vous lâche plus. Flot des voitures, sirènes hurlantes, travaux incessants, bourdonnement des millions de climatiseurs ou simple brouhaha confus : le niveau sonore ne baisse jamais, même la nuit. Et ce n'est pas le plan Silent Night (nuit silencieuse) de l'ancien maire Michael Bloomberg qui y a changé grand-chose.

La première impression visuelle de la ville est, là encore, d'irrépressible **vitalité**, voire d'agressivité. Les lignes acérées des gratte-ciel, qui s'élancent sans complexe, ne prétendent pas à l'harmonie. La compétition et la surenchère président à l'urbanisme, offrant un **kaléidoscope** heurté à géométrie variable n'ayant qu'un but : faire mieux, plus haut, plus cher. On a écrit d'elle qu'elle était masculine et phallique. Elle l'est, là où le béton et le verre se dressent à la verticale, laissant le passant dans l'ombre. S'il est un moyen de reconnaître le touriste, c'est bien qu'il est le seul à marcher la tête en l'air; les New-Yorkais ont mieux à faire...

Découvrir New York, c'est un peu partir à l'**aventure**, plonger dans ce maelström hyperactif et contrasté, oublier les repères du Vieux Monde, pour comprendre comment cette ville ne s'arrêtera jamais d'avancer, quoi qu'il arrive...

Si vous croyez qu'on roule vite en France, vous avez tout faux. Ici, dès que la route est libre, ne comptez plus voir le paysage : les **chauffeurs de taxi** ne démentiraient pas les plus agitées des productions d'Hollywood. Même les bus express semblent engagés dans une **course-poursuite** dès que la route se libère un peu. Sans doute est-ce parce que, le plus souvent, les embouteillages transforment les dépassements en un cauchemar rythmé par le concert des klaxons et les diverses **sirènes** de la police, des ambulances, des éboueurs... Quant au rythme de vie lui-même, ne vous faites pas d'illusions : les New-Yorkais ne s'arrêtent jamais. Le bruit parfois lancinant des travaux en pleine nuit vous rappellera qu'ici, chaque minute compte.

Le New-Yorkais marche... vite, bien sûr. Il sait où il va, il est pressé, il a trois fois plus de choses à faire que les 24 heures quotidiennes ne l'y autorisent : faites pareil.

Le long des trottoirs, les piétons se suivent et marchent à droite : c'est qu'ici, tout le monde en convient, il vaut mieux être discipliné, car la foule qui envahit les rues aux heures de pointe ne saurait se côtoyer sans heurt autrement, accélérerait plutôt !

Maintenant que vous avez les clés, c'est à vous de jouer ! Survivre dans le **tourbillon** qu'est New York peut tenir du parcours dans la jungle. Mais vous verrez que l'on s'y sent rapidement à l'aise et qu'après quelques heures, on est singulièrement porté par son irrépressible énergie.

Frappée de plein fouet par la pandémie de Covid, New York s'est encore réinventée. Les terrasses éphémères aménagées sur les trottoirs par les restaurants et bars se pérennisent. Certes, l'inflation a fait grimper les prix en flèche mais New York exerce toujours cette fascination inaltérable.

Lower Manhattan★★★

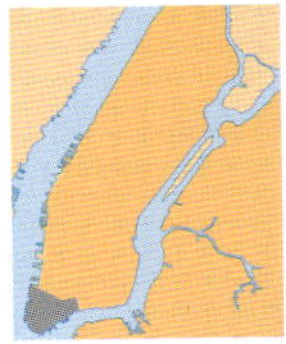

C'est ici que la ville est sortie de terre, ici que débute bien souvent l'aventure new-yorkaise. Lieu de tous les contrastes, avec sa skyline mythique et ses vieilles rues pavées, la pointe sud de Manhattan est une mine de symboles : le New World Trade Center au souvenir poignant, le pont de Brooklyn s'élançant à deux pas du port historique, Wall Street et la Bourse de New York, temples mondiaux de la finance, et, au loin, la silhouette familière de la statue de la Liberté. Lower Manhattan est en pleine renaissance, c'est le moment de l'apprivoiser…

▶**Accès :** en métro : toutes les stations de **Chambers St.** à **South Ferry** (lignes 1 à 5, 6 et R). En bus : ligne 20 pour Battery Park (où se trouve l'embarcadère des bateaux pour la statue de la Liberté) et ligne 5 pour le reste du quartier.

Plan de quartier p. 16-17. Plan détachable AB7-8.

▶**Conseil :** Familiarisez-vous avec l'histoire et l'architecture du quartier en faisant une visite guidée en français *(☛ p. 143)*. Pour photographier les gratte-ciel, rendez-vous le matin sur le pont de Brooklyn. La nuit, admirez la *skyline* illuminée depuis Brooklyn Heights. Pensez à réserver à l'avance votre visite au City Hall.

C'est à l'extrême sud de l'île de Manhattan que les premiers colons européens, les Hollandais, s'installèrent et fondèrent un gros bourg de fermiers. Son plan originel a été partiellement conservé, ce qui explique que l'on ne retrouve pas ici la géométrie rectiligne typique de la ville, mais plutôt des axes concentriques qui suivent le profil du rivage. Rapidement, le port et le commerce se développèrent, grâce aux **Hollandais** *(☛ p. 154)* puis aux Anglais. Mais le contexte politique incertain et la violence rendaient les marchés chaotiques et peu fiables. Sur fond de spéculation immobilière, seize ans après la déclaration d'Indépendance, des financiers décidèrent, en 1792, de fonder le premier marché boursier de New York. La Fraunces Tavern, la maison Watson, Trinity Church et quelques rues pavées permettent de se replonger dans l'histoire. Et, à l'autre bout du spectre, le New World Trade Center nous immerge dans celle, tragique, du 11 septembre 2001.

The New World Trade Center ★★★

New York et les États-Unis ont définitivement changé le **11 septembre 2001**, quand des avions détournés par des terroristes ont foncé dans les tours jumelles du **World Trade**

9/11 Memorial par Michael Arad (Design) et Davis Brody Bond (Executive architect),

LOWER MANHATTAN
0 500 1000 ft
0 150 300 m
N
HUDSON
RIVER
North Cove Yatch Harbor
South Cove
NEW YORK HARBOR
BATTERY PARK CITY
WORLD FINANCIAL CENTER
THE NEW WORLD TRADE CENTER
7 World Trade Center
One World Trade Center
PERF. ARTS CENTER
World Trade Center
PAC NYC
NORTH POOL
2 WORLD TRADE CENTER
9/11 Museum & Memorial
The Oculus
SOUTH POOL
3 World Trade Center
4 World Trade Center
The Sphere
5 WORLD TRADE CENTER
Cortlandt St.
Trinity Church
Rector St.
Federal Hall Natl. Memorial
Wall St.
NY Stock Exchange
SPORTS MUSEUM
Broad St.
Museum of the Jewish Heritage
Skyscraper Museum
Bowling Green
STONE STREET HISTORIC DISTRICT
Pier A
Natl. Museum of the American Indian
Castle Clinton Natl. Mon.
Battery Park
Fraunces Tavern Museum
Whitehall St.
J. WATSON HOUSE
South Ferry
BROOKLYN-BATTERY TUNNEL
Staten Island Ferry Terminal
Battery Maritime Building
Vesey
Barclay
Park
St.
Fulton
Church
Dey St.
Cortlandt St.
Liberty
Ave.
End
Albany
Esplanade
Cedar
Pl.
St.
W. Thames St.
South
West
Rector
Washington
Greenwich
Trinity
Exchange
Broadway
New
Beaver
Broad St.
S. William St.
Whitehall
Stone St.
Bridge St.
Pearl
State
Battery Pl.
Washington St.
South
SE RESTAURER
Adrienne's Pizzabar...... 13
Westville...... 63
Tin Building by Jean-Georges...... 64
PRENDRE UN VERRE
The Dead Rabbit...... 16
The Bar Room at the Beekman...... 42
SHOPPING
Century 21...... 1
Anthropologie...... 2
Midtown Comics...... 30
SE LOGER
Gild Hall, A Thompson Hotel...... 32
IMMIGRATION MUSEUM, ELLIS ISLAND
STATUE OF LIBERTY
STATEN ISLAND
GOVERNOR'S ISLAND

16

Hall des Lumières
CIVIC CENTER
CHINATOWN
Chatham Square
Division St.
E. Broadway
Chambers St.
MUNICIPAL BUILDING
City Hall
Park Pl.
Brooklyn Br-City Hall
City Hall
Woolworth Building
City Hall Park
St Paul's Chapel
Broadway-Nassau
Fulton St.
Fulton St.
Federal Reserve Bank
SOUTH STREET SEAPORT HISTORIC DISTRICT
FINANCIAL DISTRICT
Fulton Market
South Street Seaport Museum
Wall St.
Museum of American Finance
Tin Building
Pier 17
BROOKLYN BRIDGE
GOVERNOR ALFRED E. SMITH HOUSES
PIER 16
PIER 14
PIER 13
PIER 11
PIER 6
PORT AUTHORITY DOWNTOWN HELIPORT
EAST RIVER
BROOKLYN
Murray St.
Warren St.
Park Row
Pearl St.
Worth St.
Oliver St.
Catherine St.
Madison St.
James St.
Rose St.
Spruce St.
Ann St.
Fulton St.
John St.
Maiden Ln.
Nassau St.
Gold St.
Cliff St.
Beekman St.
Dover St.
Peck Slip
Water St.
Front St.
South St.
Wagner Pl.
Platt St.
William St.
Pine St.
Fletcher St.
Old Slip
Franklin D. Roosevelt Dr.
2
42
30
32
64
63

Center. 1h40 plus tard, elles s'étaient effondrées sur elles-mêmes, sous les yeux du monde qui regardait, horrifié, l'apocalyptique nuage de poussière avaler les symboles les plus orgueilleux de la réussite américaine. Deux fois 110 étages disparaissaient, entraînant dans leur chute 2 973 victimes. Achevées en 1973, après onze ans de travaux, les tours culminaient à 411 m (deux fois plus haut, à peu près, que les buildings environnants) et représentaient 16 % de la surface de bureaux de tout Downtown. Environ 50 000 personnes y travaillaient.

Le projet – Aucun des projets proposés, même celui qui fut retenu, ne s'est révélé pleinement satisfaisant. Les plans initiaux de **Daniel Libeskind** ont été modifiés par l'architecte **David Childs**, si bien que la première pierre, posée en grande pompe en 2004, a dû être déplacée en 2006. À la place des sept bâtiments détruits, six nouvelles tours, pour un chantier qui pourrait être achevé en 2024. C'est de la partie sud-est du site que l'on voit le mieux l'ensemble du chantier et que l'on mesure son énormité. L'angle des **Church et Vesey Streets** et les portions de part et d'autre sont gardés par de hautes grilles et de sobres plaques évoquant le drame. Le **One World Trade Center** (1 WTC), ex-Freedom Tower, culmine à 541 m, soit 1776 pieds (évocation de la date de l'Indépendance des États-Unis). Elle côtoie 7 WTC (inauguré en 2006), 4 WTC *(2013)*, 3 WTC *(175 Greenwich St. –* 2018*)*, 5 WTC *(130 Liberty St. – en construction)* et 2 WTC *(200 Greenwich St. – en construction)*. 2 WTC sera le 2e plus grand gratte-ciel de la ville et arborera un toit en forme de diamant.

One World Observatory★★★ – *One World Trade Center - 285 Fulton St. - ✆ (844) 696 1776 - www.oneworldobservatory.com - 10h-19h ; mai-sept. : 9h-21h - à partir de 44 $ (6-12 ans 38 $).* L'accès à l'observatoire, au 102e étage, se fait par le Sky Pod, l'un des ascenseurs les plus rapides du monde : durant la montée (57 secondes), l'évolution de la *skyline* de Manhattan, depuis le 17e s., est retracée sur les parois de l'ascenseur. Une fois en haut, la vue sur Manhattan, à 380 m de hauteur, est époustouflante. Par temps dégagé, il est possible de voir jusqu'à 80 km à la ronde. Le panorama permet de mieux comprendre la géographie de la ville, avec ses langues de terre cernées par les eaux.

9/11 Museum & Memorial★★ – *entrée par le 1 Albany St. (angle Greenwich St.) - ✆ 212 312 8800 - www.911memorial.org - musée : jeu.-lun. 10h-17h ; mémorial : 10h-17h - 29 $ (-12 ans 17 $) - réserv. obligatoire en ligne.* Le site consacré à la tragédie a ouvert ses portes en 2014. Souterrain, le musée est une plongée dans les entrailles du WTC. Ce sont des milliers d'objets relatifs au drame qui sont exposés, d'une carte d'identité en partie brûlée à un camion de pompiers déformé par les chaleurs. Photos et vidéos ponctuent la visite et un hommage est rendu à chacune des 2 973 victimes tuées lors des attaques-suicide. L'émotion cède la place à une infinie tristesse à l'écoute des nombreux enregistrements sonores, dont les bouleversants messages laissés par de futures

victimes, piégées dans les tours en feu ou dans les avions. Les polémiques n'ont toutefois pas épargné les responsables du musée, accusés d'avoir commis des légèretés dans la présentation de la géopolitique mondiale, d'avoir placé une boutique de souvenirs que beaucoup trouvent inappropriée, et surtout d'avoir rapatrié des restes de victimes non identifiés...
Le mémorial, œuvre de l'architecte **Michael Arad**, est quant à lui une réussite. Il se compose de deux bassins profonds de 9 m, le long desquels s'écoulent des cascades d'eau, *Reflecting the Absence*. Ils sont entourés d'un parapet en bronze sur lequel sont gravés les noms des victimes. Plus de 400 chênes ont été plantés, conférant au site une atmosphère de calme et de sérénité propice au recueillement.
Mais un arbre se distingue des autres : un poirier, sauvé des décombres après les attaques. Aujourd'hui, les visiteurs se pressent pour toucher l'écorce de « l'arbre miraculé », symbole de l'espoir et de la renaissance.
Ne manquez pas **The Sphere★** (Fritz Koenig, 1971), devenue un mémorial aux victimes du 11 Septembre. Installée sur la plaza centrale du World Trade Center avant les attentats, puis transférée à Battery Park, la sculpture a depuis retrouvé son site d'origine.
The Oculus ★ – Inaugurée en 2016, la gare du World Trade Center est une œuvre architecturale futuriste signée Santiago Calatrava, reconnaissable à ses grandes ailes d'acier. Environ 250 000 voyageurs y transitent chaque jour. Leur ballet est visible depuis le gigantesque atrium central (111 m de longueur par 49 m de hauteur), devenu une attraction touristique. Un vaste centre commercial avec boutiques et chaînes de cafés et restaurants complète le paysage.
Perelman Performing Arts Center (PAC NYC) – *251 Fulton St. - pacnyc.org - ouverture en sept. 2023*. Entre le One World Trade Center et le 9/11 Museum & Memorial, ce beau bâtiment cubique recouvert de fines plaques de marbre veiné laissant filtrer la lumière du jour cache un centre artistique moderne et modulable. Au programme théâtre, danse, musique, cinéma...

City Hall ★

www.nyc.gov - visites guidées sur réservation à l'avance. (✆ 212 788 2656 ou email tours@cityhall.nyc.gov).
Reconnaissable à son haut clocheton, le City Hall (hôtel de ville) compte parmi les édifices les plus élégants de New York. Son intérieur georgien (1812) s'abrite derrière une harmonieuse façade de marbre inspirée par la Renaissance française. Les architectes, pensant que la ville ne s'étendrait pas vers le nord, réalisèrent la façade arrière en grès brun ; ce n'est qu'en 1956 qu'elle fut recouverte de calcaire d'Alabama.

Hall des Lumières

49 Chambers St. - www.halldes lumieres.com - 10h-19h (jeu.-sam. 22h) - 29 $ (réserv. en ligne).
Ouvert en 2022, ce centre d'art numérique de 3 000 m² projette sur ses murs la reproduction monumentale d'œuvres de grands maîtres comme

NicolasMcComber/Getty Images Plus

L'église de la Trinité dans le lower Manhattan.

Gustav Klimt. Musique et images enveloppent le visiteur dans une expérience onirique.

City Hall Park ★

C'est dans ce qui était un champ de pommiers que fut lue, devant la foule, la Déclaration d'indépendance en juillet 1776.

Woolworth Building ★★

233 Broadway. Érigé en 1913 par **Cass Gilbert** pour **Frank Woolworth**, qui possédait une chaîne de grands magasins, cet édifice de 241 m de haut demeura le plus haut gratte-ciel du monde jusqu'en 1930, date d'achèvement du Chrysler Building. Avec sa profusion de gargouilles et de pinacles, et son toit à clocheton vert en cuivre, il est l'un des chefs-d'œuvre d'architecture de la ville. Son hall spectaculaire, haut de 3 étages, mêle fresques et mosaïques de styles gothique et byzantin.

Saint Paul's Chapel ★★

trinitywallstreet.org.
La plus ancienne église de Manhattan (1766), construite dans le style georgien. Pompiers et sauveteurs vinrent s'y recueillir après l'effondrement du World Trade Center.

Financial District ★★

Wall Street★ – Son nom vient de la palissade qui protégeait la ville hollandaise. Abattue par les Anglais en 1699, elle fut remplacée par une rue qui devint l'emblème du capitalisme à l'américaine. Bordée de belles demeures géorgiennes et de cafés, Wall Street devint au 19e s. un important centre financier et, en 1920, la première place boursière du monde devant Londres. Elle n'a, depuis, jamais été surclassée malgré les krachs de 1929, 1987 et 2008. Lors de ces derniers, les faillites vidèrent de nombreux bureaux, transformés le plus souvent en résidences. Les attentats de 2001 contribuèrent également à l'exode des entreprises vers Midtown ou le New Jersey, de l'autre côté de l'Hudson River.

New York Stock Exchange (NYSE) – Cet édifice (1903) de 17 étages à l'architecture élégante abrite la **Bourse** de New York. Il est conçu à la manière d'un temple, avec colonnes corinthiennes et fronton sculpté d'une allégorie du Commerce.

Stone Street Historic District★ – Il s'agit de la première rue pavée de Manhattan, entre Wall Street et l'East River. Protégée depuis 1996, elle a conservé son charme d'antan avec ses immeubles de brique aux escaliers extérieurs en métal peint et l'activité bourdonnante de ses nombreux cafés.

Federal Hall National Memorial★ – *26 Wall St. - ☏ 212 825 6990 - www.nps.gov/feha - tlj sf w.-end 9h-17h - gratuit - se rens.* Situé à proximité du NYSE, ce bâtiment en forme de temple romain s'élève sur le site du premier hôtel de ville de New York (City Hall), construit en 1699 puis utilisé comme palais de justice. Réaménagé après l'Indépendance, il devint le **Federal Hall**, siège du premier Congrès des États-Unis. C'est ici que George Washington, élu président, prêta serment comme le montre sa statue. Le bâtiment actuel de 1842 abrita successivement les douanes et des services du Trésor.

Museum of American Finance – *www.moaf.org - se rens. sur sa réouverture.* Ce musée, qui occupait au 48 Wall St. l'ancien siège de la **Bank of New York**, fondée en 1784 par Alexander Hamilton, cherche un nouveau lieu d'accueil. La collection permanente rassemble des documents sur l'histoire de Wall Street, le krach de 1929 et l'évolution des marchés financiers.

Federal Reserve Bank ★

33 Liberty St. - www.newyorkfed.org - pas de visite libre, se rens. sur la reprise des tours guidés obligatoires, suspendus depuis le Covid (réserv. à l'avance) - pièce d'identité valide indispensable.

L'austère façade aux fenêtres fermées par des grilles et le sobre hall de pierre soulignent le rôle primordial de la « Fed », qui établit la politique monétaire des États-Unis, influant par ricochet sur l'économie mondiale. La chambre forte enterrée à plus de 24 m sous la rue, 15 m sous le niveau de la mer, abrite les milliards de dollars des réserves d'or appartenant aux États-Unis et aux banques centrales d'une soixantaine de pays, soit 25 à 30 % des réserves mondiales. Il s'agit du plus important stock existant au monde (plus de 10 000 t).

Trinity Church ★

74 Trinity Place - trinitywallstreet.org. Concerts certains jours, voir site.

Construite en 1846, elle était alors le plus haut monument de New York. En grès rouge, de style néogothique, sobre, elle ne fut pas trop affectée par l'effondrement du World Trade Center très proche. Le cimetière adjacent abrite des tombes du 17e s.

Museum of the Jewish Heritage ★★

36 Battery Place - ☏ 646 437 4202 - mjhnyc.org - ♿ - dim. et merc. 10h-17h, jeu. 10h-20h, vend. 10h-15h - fermé lun.-mar., sam. et fêtes juives - 18 $ (-12 ans gratuit).

Un édifice d'une élégante simplicité et une muséographie réussie en font un passionnant musée de l'histoire juive. Le bâtiment comporte six façades et six niveaux de taille décroissante, rappelant les 6 millions de morts de l'Holocauste et les six pointes de l'étoile de David. Les documents présentés, en particulier les émouvantes **colonnes Klarsfeld**, racontent la Shoah, l'immigration juive aux États-Unis et le renouveau du judaïsme. Le café offre l'une des plus belles vues sur le port.

Skyscraper Museum ★

39 Battery Pl. - ✆ 212 968 1961 - skyscraper.org - jeu.-sam. 12h-18h - gratuit - réserv. obligatoire.
Expositions temporaires, maquettes, photos et plans mettent en valeur le patrimoine architectural de New York de façon attrayante, célébrant audacieusement les lignes verticales symbolisant la ville.

Statue of Liberty ★★★

Accès à l'embarcadère par le M lignes 4 et 5 (station Bowling Green) ou ligne R (station Whitehall Street). Un ferry au départ du quai adjacent à Castle Clinton (billetterie) dessert la statue de la Liberté, puis Ellis Island. Statue City Cruises – ✆ 877 523 9849 - www.cityexperiences.com - dép. ttes les 20-25mn de 9h à 15h30 (16h30 l'été) ; horaires sujets à variation, se rens. sur le site Internet - billet combiné pour la statue de la Liberté et Ellis Island : statue piédestal 24 $ (-12 ans 12 $), statue couronnement (sur réserv. 3 mois av. mini) 24 $ (-12 ans 12 $) - audioguide (en français) inclus.
N'hésitez pas à venir 2h avant le départ, à cause de la queue et des procédures de sécurité. Pour visiter les deux sites, comptez une bonne demi-journée. Prévoyez un pique-nique léger, car les cafés sont bondés.

Témoin de l'amitié liant les États-Unis à la France depuis la Révolution américaine, la statue de la Liberté demeure l'un des emblèmes les plus forts du pays ! Le sculpteur **Frédéric Auguste Bartholdi** a choisi la liberté – ici personnifiée – pour symboliser l'entrée dans le Nouveau Monde et signifier à tous sa valeur primordiale. En 1884, la statue financée et construite à Paris par les Français fut présentée à l'ambassadeur des États-Unis, puis démontée pour traverser l'Atlantique.
Les fonds collectés par les Américains, grâce à l'intervention auprès du public du patron du journal *New York World*, **Joseph Pulitzer**, permirent la construction du piédestal. La statue, parvenue à New York en juin 1885, fut inaugurée le 28 octobre 1886.
La légende veut que Bartholdi lui ait donné le corps de sa femme et le visage de sa mère. Il fit d'abord un modèle en plâtre, puis fit appel à **Gustave Eiffel** qui construisit une carcasse de fer et d'acier de 125 tonnes. Il la recouvrit de 300 plaques de cuivre (100 t) pour former la « peau » verte de la statue, qui mesure plus de 45 m de la base à la torche. Un homme tiendrait dans sa main (4,80 m de long) et son pied l'écraserait facilement. La torche, plaquée d'or, fut remplacée lors des travaux des années 1980.

Ellis Island ★★ and Immigration Museum ★★

www.nps.gov/elis - ♿ - gratuit.
À votre arrivée, retirez au comptoir les billets pour le film : les séances sont vite complètes.

Statue de la Liberté.

Ellis Island fut choisie, en 1892, comme porte d'entrée des États-Unis pour les immigrants venus d'Europe. Le bâtiment de style Art nouveau, qui servait à leur enregistrement et à leur examen médical, conserve des documents relatant les conditions de vie des 12 millions d'immigrants, acceptés ou refoulés, qui patientèrent là des heures, voire des jours. Le centre ferma en 1954, reconverti ensuite en ce passionnant musée.

Battery Park ★

Avant l'arrivée des Hollandais (*p. 154*), l'extrémité sud de Manhattan était couverte de terres marécageuses. La ceinture que forment actuellement Battery Park et les quais a été gagnée sur la mer. Le parc doit son nom aux deux batteries d'artillerie défensive installées lors de la guerre de 1812.

La première est située sur Governors Island ; la seconde, Castle Clinton (*ci-après*), occupait un autre îlot à 100 m du rivage. En 1870, on combla le passage entre le rivage et Castle Clinton, ménageant l'emplacement actuel de Battery Park. Depuis la **promenade★** le long du confluent des deux rivières, vous apercevrez la statue de la Liberté, Ellis Island et les rives du New Jersey.

Castle Clinton – *212 344 7220 - www.nps.gov/cacl - ♿ - 7h45-17h - gratuit.* Ce fortin circulaire, qui abritait jadis une batterie d'artillerie, fut reconverti en 1821 en salle d'opéra : le **Castle Garden**. Puis il servit de centre d'accueil des immigrants (1855-1890) avant la construction du site d'Ellis Island. En trente-quatre ans, plus de 8 millions de personnes transitèrent par ses murs. De 1896 à 1941, il abrita le New York City Aquarium.

Pier A★ – C'est le plus vieux quai de Manhattan, vénérable structure de style victorien, terminée par une tour à horloge. Au sud du Pier A, l'**American Merchant Marine Memorial** rend hommage aux naufragés d'un navire torpillé durant la Seconde Guerre mondiale.

National Museum of the American Indian ★★

1 Bowling Green - www.americanindian.si.edu - lun.-vend. 10h-17h - gratuit.

Le musée, hébergé dans l'imposant bâtiment des douanes (1907) conçu par Cass Gilbert, est doté d'une rotonde en ellipse décorée de fresques par le peintre new-yorkais Reginald Marsh (1898-1954). Créé en 1994 par la Smithsonian Institution, il se consacre

Le pont de Brooklyn en chiffres

Il fut pendant vingt ans le plus long pont suspendu du monde. Les travaux durèrent quatorze ans et coûtèrent 25 millions de dollars ; 27 ouvriers périrent sur le chantier. La travée centrale, longue de 486 m, est soutenue par deux pylônes qui plongent dans les eaux de l'East River, 41 m plus bas. Les deux arches culminent à 48 m au-dessus du tablier. Les câbles principaux du réseau de suspension font 40 cm d'épaisseur.

à la présentation et à la préservation de la culture des Indiens d'Amérique, passée ou contemporaine. Le musée organise aussi des projections de films, des concerts et des spectacles de danse.

Staten Island Ferry ★★

Au bout de Whitehall St. - www.siferry.com - ttes les 30mn (20mn aux heures de pointe, 6h20-8h45 et 16h20-19h40) - 25mn de traversée, comptez 1h30 si vous faites juste l'aller-retour - horaires variables, se rens. sur le site Internet - piétons et vélos uniquement.
Prenez un pull et un coupe-vent, car il peut faire très frais au large ! À l'aller, placez-vous sur la droite pour voir au loin la statue de la Liberté.
Au retour, rejoignez l'avant afin de contempler l'arrivée sur Manhattan. Environ 20 millions de personnes empruntent chaque année ce ferry, surtout des employés se rendant à leur travail. Pour le visiteur, c'est une façon unique et gratuite de profiter de **vues** magnifiques sur la ville.

Battery Maritime Building ★

10 South St., au bout de Whitehall St.
Ce joli bâtiment de style Art nouveau (1909), entièrement restauré, a retrouvé les couleurs d'origine de sa façade en fonte. Jusqu'en 1938, il accueillait le ferry pour Brooklyn. Il sert aujourd'hui de terminus à celui de Governors Island.

Fraunces Tavern Museum ★

54 Pearl St. - ✆ 212 425 1778 - www.frauncestavernmuseum.org - merc.-dim. 12h-17h - 7 $ (-17 ans 4 $).
Ce haut lieu de la Révolution américaine abritait à l'origine la demeure d'un riche négociant, rachetée en 1762 par Samuel Fraunces, qui en fit une taverne. Les **Fils de la Liberté** (une organisation secrète de citoyens américains de la fin du 18e s. qui résista à l'oppression britannique pendant la rébellion des 13 colonies contre l'Angleterre) s'y réunissaient, et **George Washington** y célébra la victoire sur les Anglais. Elle vit aussi se dérouler de nombreuses réunions politiques lorsque New York était capitale. Entièrement restaurée au début du 20e s, elle présente des documents sur l'histoire de l'Indépendance et accueille également un chaleureux restaurant-taverne avec piano-bar.

South Street Seaport Historic District ★★

theseaport.nyc.
Situé au sud du Brooklyn Bridge, le **port de New York**, fondé au 17e s., fut le premier moteur de son économie. Quais, entrepôts, maisons de négoce gagnèrent en influence avec l'essor du commerce international. La création d'une ligne de ferry entre Fulton Street et Brooklyn (1814), l'ouverture de **Fulton Market** (1822), ancien marché aux poissons et celle du canal Érié en 1825 en firent un quartier bourdonnant d'activité. Durant la seconde moitié du 19e s., pourtant, l'**East River** vit décroître le trafic maritime au profit des nouveaux quais en eau profonde de l'**Hudson River**. Ce n'est qu'à partir de 1967, avec le classement du quartier en zone

historique, que le port a retrouvé petit à petit son attrait, distillant un peu de l'atmosphère du New York des débuts. Au bord de l'Hudson, le Fulton Fish Market, renommé **Tin Building**, a été converti en un *food hall* chic et glamour signé du célèbre chef Jean-Georges Vongerichten. Le **Pier 17**, modernisé, abrite plusieurs cafés et restaurants offrant de belles vues sur Brooklyn.

South Street Seaport Museum ★

12 Fulton St. - ✆ 212 748 8600 - southstreetseaportmuseum.org - merc.-dim. 11h-17h (hiver : w.-end seult) pour la visite des expositions à bord du bateau-phare Ambrose *et du voilier-cargo Wavertree - billet combiné avec le Museum of City of New York 20 $. Mai-oct. : croisières (2h) vend. 13h15 et 14h45 ; w.-end 13h15, 14h45 et 16h15 - 30 $ (enf. 15 $).*

Le musée présente une importante collection de maquettes, instruments et documents, ainsi qu'un ensemble de vieux navires accostés le long des Piers 15 et 16, le plus spectaculaire étant le *Peking*, un quatre-mâts de 1911. La visite se poursuit avec **Fulton Street★** et **Water Street★**, rues commerçantes réhabilitées comme au début du 19e s., avec quelques boutiques à l'ancienne.

Brooklyn Bridge ★★★

Prouesse technique du 19e s. (*encadré p. 24*), ce pont suspendu qui relie Manhattan à Brooklyn fut inauguré en mai 1883. Avant sa construction, 50 millions de personnes environ prenaient chaque année le ferry pour traverser l'East River. Conçu par **John Augustus Roebling**, l'architecte du pont suspendu au-dessus des chutes du Niagara, il fut réalisé par son fils qui s'inspira des techniques européennes. Pour bâtir les fondations, les ouvriers étaient immergés dans des caissons emplis d'air comprimé, mais le système n'était pas très au point et nombre d'entre eux souffrirent de tympans crevés. Le pont, chef-d'œuvre d'esthétisme et d'ingénierie, est doté d'une allée centrale piétonnière, reconstruite entre 1981 et 1983, qui s'élève au-dessus des voitures, passe sous les arches néogothiques en granit et file entre les puissants réseaux de câbles. Les **vues** sur Manhattan et le port sont spectaculaires.

Traversez le pont de Brooklyn (1,830 km), vous aurez des vues magnifiques sur la *skyline*. La partie supérieure est réservée aux vélos (centre) et aux piétons (côtés). À pied, comptez 30mn par trajet et respectez les couloirs qui vous sont réservés. De jour comme de nuit, les panoramas sont magiques !

Brooklyn Bridge.

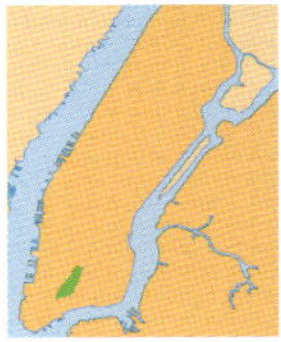

Chinatown★★, Little Italy et NoLita

Chinatown, c'est l'Asie grouillante et colorée dont les enseignes rouge et or et les odeurs de cuisine assaillent les sens. De la sulfureuse Little Italy où les parrains de la mafia dictaient leurs lois, il ne demeure que des jambons, du parmesan et des cannoli à la ricotta, que tout le monde s'arrache en septembre lors de la fête populaire et animée de San Gennaro !

▶**Accès :** métro **Canal Street** ou **Spring Street**.

Plans de quartier p. 31 et 36. Plan détachable BC7.

▶**Conseil :** visitez Chinatown le matin lorsque le marché et les bazars de Canal Street ne sont pas encore bondés, puis Little Italy et NoLita, animés l'après-midi.

Chinatown ★★

L'**immigration chinoise**, à New York, a commencé dans les années 1870. Dix ans plus tard, le quartier était réputé pour ses maisons closes, ses établissements de jeu et ses fumeries d'opium. Aujourd'hui, Chinatown compte 200 000 Asiatiques, l'une des plus importantes communautés chinoises hors d'Asie. Vers Mott et Mulberry Streets, les bazars alternent avec les marchands de thé ou la pharmacopée exotique. Canal Street est le temple de la contrefaçon.

Museum of Chinese in America (MOCA) – *215 Centre St. (angle de Grand St.) - ✆ 212 619 4785 - www.mocanyc.org - sam. 10h-18h - 12 $ (enf. 8 $).* Ce musée présente les modes de vie de la diaspora chinoise en Amérique.

Little Italy

Les premiers immigrants italiens se regroupèrent dans ce quartier qui devint une plaque tournante du crime organisé contrôlé par la mafia. Aujourd'hui, Little Italy s'est vidé d'une partie de ses habitants, dispersés à travers la ville. Les rues ont retrouvé une certaine sérénité. Les amateurs de séries reconnaîtront le **Mulberry Street Bar** *(n° 176)*, décor des *Sopranos*. Au *n° 151,* le flambant neuf **Italian American Museum** *(www.italianamericanmuseum.org)* présente l'histoire de cette communauté italienne.

NoLita

Cafés, petits restaurants et boutiques branchées parsèment la partie nord de Little Italy (NoLita signifiant « North of Little Italy »), qui n'a toutefois pas l'élégance de SoHo ou de Chelsea. Elizabeth Street est la colonne vertébrale du quartier.

Old Saint Patrick's Cathedral – De style néogothique (1815), elle fut jusqu'en 1879 la cathédrale catholique de New York.

Intersection entre Chinatown et Little Italy.

東方海味公司
G.V. TRADING INC.
一分店
ONE WAY
ONE WAY
博愛西藥房
東方海味公司 一分店 G.V. TRADING INC.

TriBeCa★★ et SoHo★★

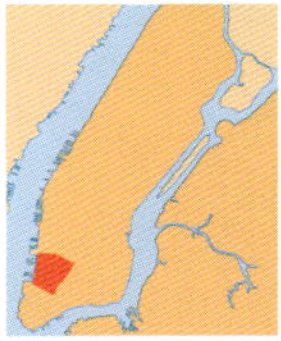

Le quartier de TriBeCa s'est intelligemment reconstruit depuis le 11-Septembre et connaît une belle renaissance. Préservé des axes touristiques, il est prisé des locaux et des touristes initiés. Artistes, familles au look Ralph Lauren, créateurs, voyageurs nomades dans le design, la tech ou le marketing, tous craquent pour ce quartier qui affirme désormais son identité, avec classe et discrétion. Outre ses boutiques de luxe, ses épiceries fines et ses bars à la mode, SoHo est l'un des plus beaux conservatoires d'architecture en fonte du pays. Colonisé par les artistes à partir des années 1960, ce quartier, devenu trop cher pour eux, est désormais le havre des jeunes bobos.

▶**Accès :** métro **Chambers St.**, **Franklyn St.** et **Canal St.** pour TriBeCa ; **Houston St.**, **Broadway/Lafayette St.**, **Spring St.** et **Canal St.** pour SoHo.

Plan de quartier **p. ci-contre****. Plan détachable AB7.**

▶**Conseil :** les amoureux d'art flâneront de préférence à TriBeCa. Attention, les galeries sont fermées les dimanche et lundi. Ceux qui préfèrent le shopping se contenteront de SoHo (boutiques ouvertes à partir de 10h). Les adeptes d'architecture visiteront les deux quartiers !

TriBeCa ★★

Le nom de ce quartier vient de la contraction de **TRI**angle **BE**low **CA**nal, bien que sa forme générale ressemble plus à un trapèze. Au début du 18ᵉ s., cet espace accueillait les résidences de familles riches. Ce n'est qu'au milieu du 19ᵉ s., quand les quais de l'Hudson River supplantèrent le South Street Seaport, que les entrepôts envahirent le quartier. Ce fut la grande époque des immeubles à **structure en fonte** ou en brique, hauts de cinq ou six étages,

SE RESTAURER
- Happy Veggie 5
- Le Botaniste 12
- Peking Duck House 25
- Au Cheval 37
- Locanda Verde 54

PRENDRE UN VERRE
- Smith & Mills 5
- A.R.T. SoHo 9
- Two Hands 44

SHOPPING
- Philip Williams Posters 3
- Prada 5
- Canal Street Market.............. 15
- Nike.............. 16
- Billionaire Boys Club 28

SORTIR
- SOB's (Sound of Brazil) 1
- Macao 19

SE LOGER
- The Mercer 8
- Hotel Hugo 17
- The Greenwich Hotel 31
- Walker Hotel Tribeca 37

TRIBECA-SOHO
0 500 1000 ft
0 150 300 m
SOHO
NEW YORK CITY FIRE MUSEUM
HUDSON SQUARE
GREENWICH AND WEST VILLAGES
WASHINGTON SQUARE VILLAGE
SOHO
Museum of Chinese in America
LITTLE ITALY
TriBeCa Synagogue
56 Leonard
TRIBECA
AT & T Headquarters Building
Washington Market Park
CIVIC CENTER
FOLEY SQUARE
COLUMBUS PARK
CHINATOWN
N
Houston St.
King St.
Charlton St.
Vandam St.
Spring St.
Dominick St.
Broome St.
Watts St.
Grand St.
Canal St.
Watt St.
Desbrosses St.
Vestry St.
Laight St.
Hubert St.
Beach St.
N Moore St.
Franklin St.
Harrison St.
Leonard St.
Jay St.
Worth St.
Thomas St.
Reade St.
Duane St.
Chambers St.
Warren St.
West St.
Washington St.
Greenwich St.
Renwick St.
Hudson St.
Varick St.
St. John's La.
Avenue of the Americas (Sixth Ave.)
MacDougal St.
Sullivan St.
Thompson St.
West Broadway
Wooster St.
Greene St.
Mercer St.
Broadway
Crosby St.
Howard St.
Lafayette St.
Centre St.
Mulberry St.
Mott St.
Elizabeth St.
Baxter St.
Bayard St.
Pell St.
Hester St.
Walker St.
White St.
Cortlandt Al.
Church St.
Prince St.
Bleecker St.
W. Houston St.
LaGuardia Pl.
Houston St.
Spring St.
Canal St.
Franklin St.
Chambers St.
Prince St.
1 3 5 8 9 12 15 16 17 19 25 28 31 37 44 54

abritant des bureaux ou des espaces de stockage. À la veille de la Seconde Guerre mondiale, le quartier était l'un des plus actifs de la ville, conjuguant industrie, services et commerce.
Mais au cours des années 1960, il perdit de son attrait et, condamné par le déclin de l'industrie et du port, il entama une lente agonie. En 1970, TriBeCa et ses immeubles dégradés ne comptaient plus que 243 habitants. Heureusement, de nombreux artistes chassés de SoHo par la flambée des prix émigrèrent ici et reconvertirent les entrepôts en ateliers et en galeries d'art. Aujourd'hui peuplé de plus de 10 000 personnes, dont un nombre croissant de célébrités – Robert De Niro, en particulier, est connu pour son investissement dans la vie de TriBeCa –, le quartier est redevenu très attractif. Durant votre promenade, passez par **Washington Market Park**, qui fut jadis l'un des marchés les plus actifs de New York. Dans **Harrison Street Row**, une rangée de maisons de style fédéral, construites entre 1796 et 1828, donne une idée de ce que pouvait alors être TriBeCa. Entre **West Broadway** et Broadway se retrouve l'architecture urbaine du 19e s., avec ses façades en brique de plusieurs couleurs ou ses jeux de colonnes en fonte. **White Street** en est un bon exemple. La **TriBeCa Synagogue** se reconnaît à sa façade rebondie. **Walker Street** compte nombre de galeries et d'ateliers d'artistes. Vers l'ouest, l'**AT & T Headquarters Building** adopte le style Art déco si prisé à New York. Construit en 1918, il possède un hall aux mosaïques spectaculaires.
Leonard Street aligne plusieurs immeubles imposants : la Clocktower (siège de la New York Life Insurance Company) qui possède la dernière horloge mécanique en activité de la ville, et la nouvelle icône du quartier, le **56 Leonard St.** Créé par les architectes suisses Herzog & de Meuron, cet étonnant building a l'aspect d'une série de boîtes de formes irrégulières qui seraient empilées les unes sur les autres. Comme écrasée par le poids de l'immeuble, une sculpture d'Anish Kapoor occupe le rez-de-chaussée. Depuis plus de vingt ans, sous le parrainage de Robert De Niro, TriBeCa est devenu le centre du cinéma new-yorkais. En 2002, l'acteur a en effet créé, avec la productrice américaine Jane Rosenthal, le **TriBeCa Film Festival** (*p. 146*), estimant que New York méritait un festival de renom et que le quartier, durement touché par les attentats du 11 Septembre, retrouverait ainsi du panache. Le nombre de films et la fréquentation sont au rendez-vous. On projette dans toute une série de salles une sélection des meilleurs films du monde entier.

SoHo ★★

SoHo, dont le nom vient de **SO**uth of **HO**uston St., est avec ses boutiques, ses restaurants et ses galeries d'art l'un des quartiers les plus chics de New York. Et pourtant, en 1644, il accueillait la première communauté noire de Manhattan, constituée d'esclaves affranchis. Au début du 19e s., des bourgeois aisés, comme James Fenimore Cooper, auteur du *Dernier des Mohicans*, envahirent progressivement le quartier.
À mi-chemin entre le Manhattan des

JJFarquitectos/Getty Images Plus

Greene street à SoHo.

affaires, au sud, et les grands manoirs chics des quartiers nord, SoHo devint l'une des plus fortes densités de la ville. Théâtres, hôtels, restaurants, casinos et magasins se multiplièrent le long de **Broadway** et des rues environnantes. Pour contenter les joyeux fêtards, **Mercer Street** se fit une spécialité des maisons closes, à tel point que les deux tiers des prostituées new-yorkaises en arpentaient les trottoirs... Devant tant de licence, les bourgeois délaissèrent finalement SoHo pour des quartiers plus au nord, tandis que les commerces les plus florissants remontaient le long de la 5th Avenue.
Durant la seconde moitié du 19e s., les résidences furent peu à peu remplacées par des entreprises, des bureaux, des entrepôts. Les architectes employèrent une nouvelle technique de construction : la **structure en fonte ou cast iron**. Découverte par les Anglais à la fin du 18e s., cette technique permettait d'ériger rapidement des immeubles présentant une variété de styles inconnue jusqu'alors. Plus légères, les façades comportaient davantage de fenêtres. Les éléments en fonte, coulés dans des moules et reproduits en nombre, pouvaient être conjugués entre eux, en fonction de la taille de l'édifice ou des demandes du client. L'ensemble était ensuite peint. Des rues entières furent ainsi bordées de gracieuses colonnades, de corniches et de frontons peints de délicates couleurs pastel. Aujourd'hui,

sur les 400 *cast irons* que compte New York, environ 300 se situent dans le quartier de SoHo.
Au 20e s., SoHo fut délaissé progressivement, avant d'être recolonisé par des artistes et des marginaux intéressés par ces vastes lofts et ces immenses surfaces aux larges fenêtres. Un mouvement dynamique naquit pour en sauver les façades et, après 1973 où SoHo fut classé quartier historique, ce dernier devint le grand centre d'art contemporain de New York, attirant artistes et galeries d'art. Mais les prix flambèrent, provoquant l'exode de l'art et des musées vers Chelsea. Le caractère créatif, vibrant et bohème du quartier laissa place au chic de nouvelles boutiques en enfilade souvent hors de prix.

Broadway – À cet endroit de la ville, Broadway n'est pas le fief des théâtres, mais celui du shopping. Remarquez au *n° 487*, l'étonnant **Silk Exchange Building** (1895). Très ouvragé, l'immeuble arbore une façade rococo très italianisante. En raison de son style chargé, les New-Yorkais le surnomment affectueusement The Wedding Cake (le gâteau de mariage). À l'angle de Prince Street, l'**immeuble de Prada** *(n° 575)* donne le ton : jadis site du Guggenheim SoHo, il abrite désormais un élégant décor design dû à l'architecte Rem Koolhaas *(Prada, p. 121)*. Édifice de douze étages, le **Little Singer Building** *(nos 561-563)*, réalisé en 1903 par Ernest Flagg, a instauré avec son style Beaux-Arts typique une nouvelle ère pour les gratte-ciel. Il se reconnaît aisément à ses motifs floraux délicats en fer forgé et à ses surfaces vitrées. Le **E.V. Haughwout Building** *(nos 488-492)*, considéré en son temps (1857) comme un véritable « palais vénitien », avec ses arcades, ses balustrades et ses colonnes corinthiennes, fut le premier immeuble de la ville à façade de fonte et le premier équipé d'un ascenseur, installé par Elisha G. Otis.

Greene Street★ – Située plus à l'ouest, cette rue aligne la plus importante collection de façades en fonte. Les deux plus intéressantes, dessinées par Isaac F. Duckworth en 1872 dans le style Second Empire, sont surnommées **King and Queen of Greene Street** *(nos 72-76 et 28-30)* : porche grandiose soutenu par de hautes colonnes pour la première et toit mansardé aux lucarnes décorées pour la seconde.

Prince Street – Peuplée de nombreuses boutiques et galeries d'art, Prince Street accueille un édifice en fonte dont la façade figure, en trompe-l'œil, un mur de briques : l'œuvre fut réalisée par le peintre Richard Haas en 1975.

Broome Street – Dans cette rue se dressent, à l'angle de Greene Street, le **Gunther Building** *(nos 469-475)*, une belle réalisation de 1873 en fonte, ou encore l'élégant édifice du *n° 448*.

West Broadway – Art contemporain, design et boutiques de créateurs occupent West Broadway comme Double RL Men's, Atelier Adler, What Goes Around, 7 For All Mankind Comes Around... et nombre de galeries d'art.

Lower East Side★

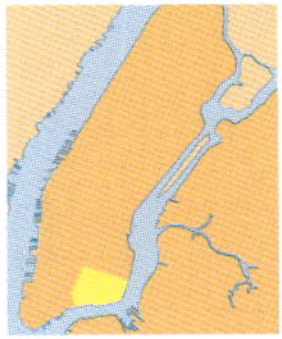

C'est le dimanche matin qu'il faut venir flâner ici, devant les étals alléchants d'Orchard Street, pour savourer quelques bagels croustillants. Porte d'entrée des immigrants qui s'entassaient jadis dans des taudis, le quartier a gardé une patine fatiguée, des façades sombres marquées de tags qui démentent sa nouvelle vocation de quartier ultra-branché, au profit de lieux plus alternatifs. Bars, clubs et restaurants rivalisent de décors modernes chics et de récupération hippie, et l'on y enterre la nuit au son du blues cool, du rock déchaîné ou de l'électro. Si Lower East Side est encore méconnu et confidentiel pour certains, il est, en réalité, fait pour tous les voyageurs curieux, à l'affût de nouveaux spots pointus et d'atmosphère décalée.

▶**Accès :** métro **Delancey Street** ou **Essex Street**.

Plan de quartier p. 36. Plan détachable BC7.

▶**Conseil :** profitez d'un dimanche pour vous rendre au Lower East Side. Commencez par un brunch, puis profitez de l'ambiance animée d'Orchard Street (pas avant 10-11h). Le quartier est aussi très sympa le soir. De nouveaux bars et restaurants ouvrent sans cesse : n'hésitez pas à pousser les portes, vous aurez parfois d'agréables surprises. Évitez le samedi, jour du sabbat, car certains commerces sont fermés.

Jusqu'à il n'y a encore pas si longtemps, le Lower East Side, bon marché et cosmopolite, est resté le quartier des nouveaux arrivants, une sorte de sas entre leurs pays d'origine et l'immense New York. Aux 17e et 18e s., le site regroupait des chantiers navals, des usines et des abattoirs ainsi que des logements rudimentaires et bon marché dans lesquels s'entassaient les immigrants et leurs familles. Au plus fort de son occupation, le Lower East Side est ainsi devenu la zone la plus densément peuplée au monde. Dès 1820, des communautés de **Noirs affranchis** et d'**Irlandais** se constituèrent dans le quartier tandis qu'une importante **communauté chinoise**, venue pour travailler à la construction des chemins de fer, s'installait à l'ouest de cette zone. Chassés de leur pays par la famine après 1840, les **Irlandais** arrivèrent par centaines de milliers durant le 19e s., rejoints par les **Allemands**, fuyant guerres et ségrégation religieuse. La première vague d'**immigration juive**, d'origine allemande, fut suivie par celle des Juifs russes et polonais rescapés des pogroms. Les **Italiens**, débarqués dans la seconde moitié du 19e s., s'installèrent à proximité des Irlandais et fondèrent Little Italy. Les **Portoricains**, enfin, investirent ce quartier à la fin du 19e s. et durant la première moitié du 20e s. Même

LOWER EAST SIDE-
LITTLE ITALY-NOLITA
EAST VILLAGE
NOLITA
BOWERY
LITTLE ITALY
CHINATOWN
LOWER EAST SIDE
Old St Patrick's Cathedral
New Museum of Contemporary Art
Italian American Museum
Lower East Side Tenement Museum
International Center of Photography
Eldridge St. Synagogue
COLONNADE
Confucius Plaza
Coleman Park
Chatham Square
Broadway/ Lafayette St.
Prince St.
Spring St.
Bowery
Grand St.
Lower East Side/2nd Ave.
Delancey St.
Essex St.
East Broadway
Bleecker St.
E. 3rd St.
E. 4th St.
E. 5th St.
Houston St.
Stanton St.
Rivington St.
Delancey St.
Broome St.
Grand St.
Hester St.
Canal St.
Division St.
East Broadway
Henry St.
Madison St.
Monroe St.
Cherry St.
Kenmare St.
Mulberry St.
Mott St.
Elizabeth St.
Lafayette St.
Crosby St.
Broadway
Chrystie St.
Sara D. Roosevelt Park
Forsyth St.
Eldridge St.
Allen St.
Orchard St.
Ludlow St.
Essex St.
Norfolk St.
Suffolk St.
Clinton St.
Attorney St.
Ridge St.
Pitt St.
Montgomery St.
Gouverneur St.
Jefferson St.
Rutgers St.
Pike St.
Market St.
Catherine St.
Pell St.
Second Ave.
First Ave.
Ave. A
0 500 1000 ft
0 150 300 m
N

Couture et cigares

Les débuts de la confection new-yorkaise se firent dans le Lower East Side par de jeunes femmes qui travaillaient à domicile. Le faible coût et l'abondance de la main-d'œuvre conduisirent par la suite à la création d'ateliers collectifs. Le quartier produisait également des cigares dont les fabriques étaient dirigées par des Portoricains. Les immigrants des Caraïbes y étaient naturellement embauchés.

s'il reste une petite communauté juive attestée par les synagogues, les derniers immigrants vivant encore ici sont principalement latinos et asiatiques. Le Lower East Side perd aujourd'hui de plus en plus son caractère si particulier pour devenir l'un des endroits les plus à la mode chez les jeunes noctambules. En revanche, sa pauvreté a laissé des traces, et si beaucoup d'immeubles ont été rasés, certaines rues conservent un peu de l'atmosphère du premier New York avec leurs échoppes, leurs cafés et leurs constructions de brique percées d'étroites fenêtres et équipées d'escaliers à incendie en fer. Mais la flambée des prix de l'immobilier, l'apparition de restaurants branchés, d'hôtels de luxe pointus et d'une clientèle de plus en plus hype ne leur laissent sans doute qu'un bref sursis. Il n'en reste pas moins que la remontée de **Ludlow Street**★ ou d'**Orchard Street** et les pauses casse-croûte dans les épiceries juives gardent un charme incomparable.
La partie sud d'Orchard Street est occupée par des magasins bon marché de vêtements et bagages de cuir, de confection bas de gamme et par quelques ateliers de décorateurs et de tapissiers ; sa partie nord, par les créateurs indépendants, cafés, bars et restaurants les plus tendance. Au *n° 130,* ne manquez pas de visiter les expositions en cours de la célèbre **galerie Perrotin**, installée dans le quartier depuis 2017.

New Museum of Contemporary Art ★

235 Bowery - ✆ 212 219 1222 - www.newmuseum.org - 11h-18h, jeu. 11h-21h - fermé lun. - 18 $ (-18 ans gratuit).

SE RESTAURER
Essex Market 9
Freemans 11
Rubirosa 15
Little Ruby's Café 19
Supper 27
Russ & Daughters 29

PRENDRE UN VERRE
Rice to Riches 2
Dudley's 6
Il Laboratorio del Gelato 7
Anyway Café 12
Mr. Purple 28
Eileen's Cheesecake 31
The Roof 37
The Crown 38

SHOPPING
Economy Candy 8
John Varvatos 32
2nd Street 41

SORTIR
The Box 2
Bowery Ballroom 3

SE LOGER
Off Soho Suites Hotel 9
CitizenM Bowery 11
Hotel on Rivington 29

Agréable café au rez-de-chaussée. Les architectes japonais Sejima et Nishizawa ont conçu ce musée dont la structure est constituée d'une accumulation de cubes en zinc. La fragilité de leur équilibre témoignerait du caractère instable de l'art contemporain. À l'intérieur, le musée accueille des collections orientées vers les nouveaux médias, le digital pop art et les installations.

International Center of Photography

79 Essex St - www.icp.org - 11h-19h, jeu. 11h-21h - fermé mar. - 18 $ (-14 ans gratuit).
Fondé en 1974 par deux mythes de la photographie et du photojournalisme, Robert Capa et les frères Cornell, le centre autrefois situé dans West Midtown *(1113 Ave. of Americas)* a déménagé dans ces locaux modernes très bien conçus. Vous pourrez y découvrir les expositions temporaires (qui changent tous les trois mois) dédiées au photojournalisme.

Lower East Side Tenement Museum ★★

108 Orchard St. - 877 975 3786 - www.tenement.org - visite guidée seult (dép. du Museum Shop) : 10h-17h, vend.-dim. 10h-18h (horaires des visites variables, consultez le site Internet) - 30 $.
Film gratuit, au fond de la boutique du musée *(10h-18h30, jeu. 10h-20h30)*. Le nombre de visiteurs étant limité, réservez par Internet ou au *877 975 3786*. Document en français sur le site Internet du musée.

Entre 1863 et 1935, 7 000 personnes vécurent au 97 Orchard Street dans un **tenement**, immeuble de rapport, un peu équivalent à nos HLM. Les appartements exigus, surpeuplés, étaient généralement pauvrement meublés. La visite présente les logements de différentes familles dont les pièces ont été conservées telles quelles et temporairement reconstituées dans un immeuble voisin au 103 Orchard Street, le temps des travaux de rénovation. Objets personnels et documents nous racontent leurs histoires : Juifs allemands ou polonais fuyant l'Europe, Siciliens catholiques immigrés clandestinement, Irlandais poussés au départ par la famine. Leurs conditions de vie, l'entassement, le récit des malheurs qui s'accumulent sur eux servent de toile de fond à un émouvant périple. À l'aide de documents d'époque et d'interviews, un film évoque le quotidien des immigrants, souvent perdus dans un pays dont ils parlaient mal la langue.

Eldridge Street Synagogue ★

12 Eldridge St. - 212 219 0888 - www.eldridgestreet.org - ♿ - tlj sf sam. 10h-17h - 15 $ (5-17 ans 8 $).
Première synagogue fondée par les Juifs d'Europe orientale (1887), elle mêle, derrière une façade éclectique, les styles néoroman, néogothique et pseudo-mauresque. L'intérieur recèle un riche mobilier en bois, dont le pupitre pour la lecture de la Torah et l'arche sacrée pour la ranger. Les femmes peuvent assister au culte

depuis la tribune du balcon. Fermée en 1950, la synagogue resta en l'état jusqu'en 1980. D'importants travaux de restauration terminés en 2018 ont permis à la synagogue de retrouver tout son éclat.

Henry Street

Cette rue tranquille était le cœur du premier quartier juif. Elle conserve quelques intéressantes architectures de la fin du 19e s. Fondé en 1893, le **Henry Street Settlement** *(no 263)* occupe un groupe de maisons de brique rénovées : c'est là qu'une certaine Lillian Wald fonda une sorte de maison de quartier et centre social (le *settlement*), fournissant aux habitants pauvres des soins, une aide financière et des services sociaux. Un *settlement* se présente comme un petit immeuble occupé en général par des femmes, infirmières, institutrices, assistantes sociales, qui se dévouent pour les défavorisés et maintiennent dans les quartiers difficiles un minimum de mixité sociale. À l'époque, la moitié des *settlements* de Manhattan se trouvaient dans le Lower East Side.

Manhattan Bridge

C8 *Piétons (voie sud) et cyclistes (voie nord) peuvent l'emprunter.*
Au sud du quartier, ce pont métallique à la structure peinte en bleu assure la liaison entre Lower Manhattan et le quartier de DUMBO, à Brooklyn. Construit en 1912, il est le quatrième sur l'East River (après le Brooklyn Bridge, le Williamsburg Bridge et le Queensboro Bridge). Après un premier projet de tours couronnées de minarets, qui fut refusé, un deuxième

Felipe Herrmann/Getty Images Plus
Manhattan Bridge.

modèle proposait un système de suspension très innovant, constitué de chaînes plutôt que de câbles torsadés. Il fut lui aussi rejeté. Le projet adopté n'en conserve que les tours, au profil nettement plus léger que celui du Brooklyn Bridge.
Pour une belle perspective et une photographie réussie, engagez-vous côté Brooklyn (DUMBO) dans Washington St., avec la silhouette de l'Empire State Building entre les piles du pont, *photo ci-dessus.*

Greenwich Village★★

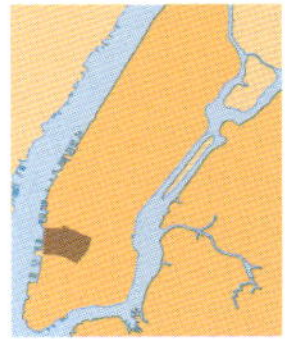

Greenwich Village, c'est avant tout le repaire éternel des poètes, écrivains universels, peintres et contestataires, les accords de jazz ou de blues. C'est le terreau intellectuel de New York et le quartier préféré des bourgeois, le cadre de l'université et de ses étudiants, toujours en mouvement. Il faut s'y perdre au printemps, quand les pruniers du Japon posent leurs nuages de fleurs blanches au-dessus des perrons et que les tables des bars débordent sur les trottoirs, dans une ambiance bohème prisée par nombre de célébrités.

▶**Accès :** en métro, descendez à **Astor Place** ou **West 4th St**.

Plan de quartier p. ci-contre. Plan détachable B6.

▶**Conseil :** Washington Square est agréable le week-end, quand les artistes de rue se donnent en spectacle. Le soir, pour le jazz, préférez Bleecker Street.

Quand on parle de **Village**, on désigne en général le West – ou Greenwich – Village. En 1696, les Anglais fondent la bourgade de Greenwich. Durant le 18e s., de riches propriétaires s'y installent, mais le quartier conserve son allure campagnarde. Avec le 19e s. arrivent les changements : percée de la 5th Avenue au nord, développement des quais et des usines le long de l'Hudson. Les bourgeois laissent place aux immigrants, mais aussi aux écrivains, artistes et activistes. Au tournant du 20e s., le Village devient le pôle de l'avant-garde américaine. Les clubs et les cafés servent de cadre à des réunions animées, où radicaux, poètes et peintres peuvent s'exprimer. Les années 1910 voient le **groupe des Huit** (*p. 162*) organiser l'Armory Show ; les années

SE RESTAURER
- Chelsea Market 7
- Balaboosta 8
- Mary's Fish Camp 34
- Beatnic 44

PRENDRE UN VERRE
- Magnolia Bakery 8
- Corner Bistro 21
- The Doughnut Project 40

SHOPPING
- Pippin Vintage Jewelry 6
- C.O. Bigelow 10
- Village Revival Records 11
- Dave's 13
- No Particular Hours 35
- Murray's 36

SORTIR
- Comedy Cellar at the Village Underground 5
- Café Wha? 22

SE LOGER
- Walker Hotel Greenwich Village 14
- The Marlton Hotel 18

GREENWICH VILLAGE
N
0 500 1000 ft
0 150 300 m
CHELSEA
MEATPACKING DISTRICT
High Line
GANSEVOORT MEAT MARKET
WEST VILLAGE
Historic Greenwich Village
GREENWICH VILLAGE
SOHO
JEFFERSON MARKET LIBRARY
CHURCH OF THE ASCENSION
Christopher Square Park
Washington Square
New York University
WASHINGTON SQUARE VILLAGE
Washington Mews
8th Ave.
14th St.
6th Ave.
Christopher St. Sheridan Square
W 4th St. Washington Square
Houston St.
Bleecker St.
Tenth Ave.
W. 15th St.
W. 16th St.
W. 17th St.
W. 18th St.
W. 14th St.
W. 13th St.
W. 12th St.
W. 11th St.
W. 10th St.
W. 9th St.
W. 8th St.
Little W. 12th St.
Ninth Ave.
Eighth Ave.
Seventh Ave.
Avenue of the Americas (Sixth Ave.)
5TH AVENUE
E.
Gansevoort St.
Horatio St.
Jane St.
Bethune St.
Bank St.
Perry St.
Charles St.
Christopher St.
Grove St.
Barrow St.
Morton St.
Leroy St.
St. Luke's Pl.
Clarkson St.
W. Houston St.
King St.
Charlton St.
Vandam St.
Spring St.
Washington St.
Greenwich St.
Hudson St.
Bleecker St.
W. 4th St.
Greenwich Ave.
Waverly Pl.
W. Washington Pl.
Washington Pl.
Bedford St.
Commerce St.
Jones St.
Cornelia St.
Carmine St.
Downing St.
Seventh Ave.
Minetta Ln.
MacDougal St.
Sullivan St.
Thompson St.
LaGuardia Pl.
Mercer St.
Broadway
Washington Sq. N.
Washington Sq. S.
W. 3rd St.
W. 4th St.
University Pl.
Greene St.
Waverly Pl.
Prince St.
Houston St.
Great Jones St.
Bond St.
7
35
6
13
8
21
36
14
34
10
18
5
22
40
11
44

1920-1930 marquent l'âge d'or du jazz à New York. La décennie 1940 voit l'éclosion en peinture de l'expressionnisme abstrait ; les *fifties*, la *Beat generation*, les années 1960, l'effervescence musicale folk et les années 1970, l'explosion de la Dowtown Scene et de l'art conceptuel. Cette ambiance de tolérance favorise aussi, non sans heurts, la constitution d'une communauté gay. Voyez, dans **Christopher Square Park**, les statues signées de l'artiste new-yorkais George Segal (1924-2000) représentant deux couples gay et lesbien. En face, au 53 Christopher St., se trouve le **Stonewall Inn**, premier bar gay du quartier. Classé « monument national » par Barack Obama en 2016, il est le lieu d'arrivée de la Gay Pride, mais surtout connu pour les violents affrontements entre la population homosexuelle et la police qui s'y déroulèrent, en 1969, événement déclencheur du mouvement des droits civiques pour les homosexuels aux États-Unis. Un Visitor Center dédié ouvrira en juin 2024 au 51 Christopher St. *(stonewallvisitorcenter.org)*.

deberarr/Getty Images Plus

Maisons le long de Washington Square.

Washington Square ★

Très populaire, le parc de cette place proche de **New York University** ouvre sur la 5th Avenue par un arc de triomphe de style Beaux-Arts achevé en 1892. Au sud, l'imposante fontaine sert de scène aux artistes de rue. Côté sud, des échiquiers rassemblent un cercle de passionnés qui jouent en plein air. Au fil du temps, Washington Square est devenu un espace de loisirs, un lieu de pique-nique, et le site idéal pour exprimer toute contestation. Les abords du parc ont toujours été fréquentés par les élites intellectuelles. **Washington Square North**, avec ses élégantes demeures néogrecques, fut habité par de grands écrivains (H. James, E. Wharton, J. Dos Passos). Dans **Washington Mews** vécurent les peintres E. Hopper, J. Pollock, le poète E. A. Robinson, la femme sculpteur Gertrude Vanderbilt Whitney. Cette ruelle desservait jadis les écuries *(mews)* et les quartiers des domestiques. Avec ses murs chaulés, ses arbrisseaux grimpants et son pavé villageois, elle possède un charme difficilement comparable dans Big Apple.

Greenwich insolite

Au 56 7th Ave. S, le serrurier **Greenwich Locksmiths** arbore une façade entièrement recouverte de clés (comme la chaise qui trône devant la porte d'entrée). Un travail d'artiste qui a fait du propriétaire Philip Mortillaro une célébrité locale !
À l'angle de Grove et Bedford, vous reconnaîtrez la façade immortalisée dans tous les épisodes de la **série mythique « Friends »** ! Si les héros étaient censés habiter ici, la série fut en réalité entièrement tournée en studio à Burbank, en Californie. Cet immeuble new-yorkais fut choisi car l'un des réalisateur y résidait... En face, la petite **maison à la façade beige** est l'une des dernières en bois du quartier.
Autre curiosité, au 75 1/2 Bedford Ave., se trouve la **maison la plus étroite de la ville**, s'étirant sur à peine 2,9 m (et d'une profondeur de 9 m) !
Enfin, au 189 Spring St., difficile de passer sous silence la **Dominique Ansel Bakery**. Dominique Ansel est l'inventeur du cronut, mi-croissant, mi-donut et le pionnier des pâtisseries hybrides. New-Yorkais et touristes n'hésitent pas à faire des heures de queue, dès l'aube, pour pouvoir en acheter 2 par personne (à 7 $ l'unité).

Historic Greenwich Village ★★

À l'ouest de la 6th Avenue s'étend la partie la plus ancienne de Greenwich Village, avec ses rues plantées d'arbres et ses maisons en brique rouge ou en grès brun *(brownstones,* *p. 159)*, évocatrices de la vie du Village au début du 20e s. **Grove Street** aligne des maisons de style fédéral. Voyez notamment **Grove Court** *(nos 10-12)*, enclos verdoyant entouré de maisons représentatives de ce style architectural. La plus ancienne (1799) se dresse dans **Bedford Street** *(n° 77)*. Chose assez rare à New York, une maison en bois sur trois niveaux marque l'**angle Nord de Grove et Bedford Sts**. Jetez également un œil sur le 102 Bedford St. : s'y dresse une extravagante **rénovation** d'une maison traditionnelle du Village, exécutée en 1925.

Le quartier regorge de lieux historiques liés à la création littéraire et théâtrale. Sur Bedford Street, le **Chumley's** *(n° 86)* est un ancien bar hanté par tous les écrivains du Village. Sur Commerce St., le **Cherry Lane Theater** *(n° 38)*, fondé dans les années 1920, est l'une des scènes les plus innovantes de New York. Quant aux *Twin Sisters (nos 39 et 41)*, deux maisons de brique de 1832, elles auraient été, selon la légende, construites par un marin dont les deux filles étaient incapables de vivre sous le même toit. La scène change avec **Bleecker Street★**, l'une des artères commerçantes les plus animées du Village, réputée pour ses étalages de fruits et légumes, ses épiceries fines, ses pâtisseries et ses cafés. La partie de Bleecker Street qui s'étend entre l'Avenue of the Americas et LaGuardia Place est très fréquentée par les étudiants de la NYCU, et compte plusieurs cabarets de jazz, blues ou rock.

East Village et NoHo★

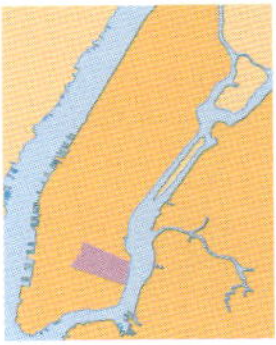

L'East Village, dont le cœur bat entre Cooper Square et la 2nd Avenue, au nord de Houston Street (d'où NoHo pour North of Houston), s'impose comme le quartier funky de la ville, avec ses devantures peinturlurées, ses friperies psychédéliques et ses salons de massage oriental. Les terrasses des restaurants s'étalent le long des trottoirs dans un joyeux fouillis de tables dépareillées et de chaises multicolores.

▶**Accès :** station de métro ou arrêt de bus **Astor Place**. **Plan détachable BC6-7.**
▶**Conseil :** comme il y a peu à visiter, couplez avec Greenwich. Si vous logez dans le quartier, profitez du calme matinal pour vous promener. Sinon, commencez vos balades à l'heure de déjeuner, moment où le quartier prend vie.

Cooper Union Foundation Building ★

C6 Créé en 1859 par un industriel, c'est le plus ancien édifice, de style néoroman, à structure en acier de New York. Il accueille une grande école, axée sur l'architecture, l'ingénierie et les arts. En 2009, elle s'est agrandie par un spectaculaire building tout en courbes situé au **41 Cooper Square★**.

Merchant's House Museum★

BC6-7 *29 East 4th St. - ✆ 212 777 1089 - merchantshouse.org - jeu.-dim. 13h-16h30 (jeu. jusqu'à 20h juin-août) - 15 $.* Pourvue de son mobilier, cette maison de brique, de style fédéral, témoigne de la façon de vivre d'un riche commerçant et de sa famille au 19e s.

St Mark's Place ★

C6-7 Entre les boutiques hippies, les échoppes de tatoueurs et les cafés à la mode, on devine tout juste le passé anarchiste de cette rue animée.

Tompkins Square Park ★

C7 Planté d'ormes centenaires, ce parc de 4 ha servit de point de ralliement aux protestataires en tout genre, depuis les socialistes du début du 20e s. jusqu'aux opposants à la guerre du Vietnam.

St Mark's-in-the-Bowery

C6 *131 East 10th St - stmarksbowery.org.* De style néogrec (1799), cette église remplaça la chapelle des Stuyvesant (*☛ p. 154*), enterrés dans le cimetière adjacent.

Renwick Triangle ★

C6 À l'angle de la 10th St. et de Stuyvesant St. se dresse un ensemble de 16 demeures italianisantes, en brique et grès, réalisé par **James Renwick**.

Chelsea★★ et Meatpacking District★★

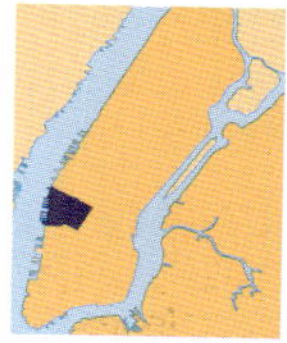

À l'écart des artères encombrées, derrière des rangées d'arbres, s'alignent les façades de brique du quartier de Chelsea, presque inchangé depuis le 19e s. Côté est, les entrepôts se sont reconvertis en galeries d'art, offrant au visiteur un immense musée gratuit. Plus au sud, Meatpacking, arty et mondain, attire toujours la clientèle la plus glamour de la ville ! Depuis 2009, Chelsea est traversé par la High Line, cette ancienne voie de chemin de fer réhabilitée en promenade verte suspendue, formant un pôle d'attraction incontournable, surtout depuis l'ouverture du photogénique parc flottant de Little Island au bord de l'Hudson River. Quant au nouveau complexe urbain d'Hudson Yards, où se trouve la plateforme d'observation Edge, il a complètement redessiné la skyline de Midtown.

▶**Accès :** en métro, stations **14th**, **23rd**, **28th** et **34th Streets**.

Plan détachable AB5-6.

▶**Conseil :** commencez le matin par Chelsea Market, puis remontez vers le nord, pour arriver dans le Gallery District vers 11h à l'ouverture des galeries (fermées dimanche et lundi), avant de parcourir la High Line. Les mordus de shopping préféreront se rendre sur la 6th Ave. (Avenue of the Americas), où se concentrent les grandes enseignes et les magasins de discount tandis que les amateurs d'architecture rejoindront Hudson Yards pour découvrir les derniers gratte-ciel sortis de terre. En soirée, découvrez les clubs du Meatpacking District.

Chelsea Historic District ★

B5 Du Chelsea anglais il ne reste que des rues calmes, bordées de hautes maisons aux façades mangées par la glycine ou la vigne. L'essentiel se concentre entre les 9th et 10th Avenues, le long des 20th, 21nd et 22st Streets. Les mieux conservées se trouvent sur le **Cushman Row**★ *(406-418 West 20th St.)*. Leurs façades néogrecques sont précédées de hauts perrons et de grilles en fer forgé encadrant de petits jardins identiques, et la rue est plantée de verdure.

Chelsea Market ★

B6 *75 9th Ave. (entre 15th et 16th Sts.) - www.chelseamarket.com - 7h-22h, dim. 8h-22h.*

L'ancienne usine de biscuits Nabisco (1898), dont on distingue toute la structure, a été astucieusement reconvertie en marché gourmand.

Gallery District ★★

B5 La plus grosse concentration de galeries s'étend à l'ouest de la 10th Avenue. Commencez au sud par la 20th St. et remontez les rues parallèles vers le nord, jusqu'à la 27th St.
Au 529 20th St., les **ACA Galleries** abritent sur 5 étages une trentaine de galeries. Le 537 22nd St. est investi par la pionnière **Dia Chelsea** (spécialisée dans les installations monumentales) et la 24th St. aligne aussi des noms prestigieux (Gagosian, Luhring Augustine, Metro Pictures). Les œuvres, de styles très variés, offrent un panorama assez exhaustif de l'art contemporain.

Rubin Museum of Art ★★

B6 *150 West 17th St. - ✆ 212 620 5000 - rubinmuseum.org - ♿ - jeu.-dim. 11h-17h (22h vend.) - 19 $ (-12 ans gratuit).*
Consacré à l'art du Tibet, du Népal et du Bhoutan (Himalaya), ce musée réunit peintures, sculptures, textiles, objets profanes et sacrés reflétant plus de deux millénaires de culture de ces peuples. Leur spiritualité, leur approche du monde, de même que le raffinement de leurs artisanats sont mis en valeur avec goût. Des incantations s'échappent quelquefois des haut-parleurs, donnant à la visite une dimension presque mystique...

Meatpacking District ★★

AB6 Au nord de Greenwich se trouve l'ancien quartier des abattoirs, centre de production de viande de bœuf le plus important du pays au milieu du 19e s. Avec l'amélioration des transports, les abattoirs se sont déplacés près des zones d'élevage, ne laissant à **Gansevoort Meat Market** que le marché de gros. Dans les années 1990, le quartier avait sinistre réputation. Pourtant, ses rues pavées et ses entrepôts en font désormais un endroit à la mode, investi par les clubs et les créateurs de mode.

Whitney Museum of American Art ★★★

A6 *99 Gansevoort St. - ✆ 212 570 3600 - www.whitney.org - lun.-vend. 10h30-18h (22h vend.) - fermé mar. - 25 $ (-18 ans gratuit).*
Fondé en 1931, dans Greenwich Village par l'artiste collectionneuse Gertrude Vanderbilt Whitney, le musée a quitté en 2015 son emplacement de Museum Mile pour un écrin signé Renzo Piano. On apprécie particulièrement les salles d'exposition. Lumineuses et modulables, elles sont parées de baies vitrées offrant d'imprenables vues sur l'Hudson River et l'est de Manhattan. Chaque étage dévoile en outre une terrasse panoramique surplombant la High Line.
Spécialisé dans l'art américain des 20e et 21e s., le fonds compte plus de 21000 œuvres de plus de 3000 artistes (dont plus de 3000 peintures et dessins d'**Edward Hopper**) mais on ne découvre la plupart du temps qu'une petite partie des collections permanentes, une large place étant réservée aux **expositions temporaires**, dans l'optique de replacer la créativité nationale dans les

courants artistiques mondiaux, passés et présents.
La visite permet de découvrir les débuts de l'**art moderne américain**, encore influencé par les courants européens, les couleurs du fauvisme et les formes géométriques du cubisme. On remarque **Marsden Hartley**, Max Weber, **Georgia O'Keeffe**, **Charles Sheeler**, Stuart Davis, **Arshile Gorky** et Milton Avery. On passe du réalisme urbain du début du 20e s. à la peinture géométrique puis abstraite, avant d'aborder le réalisme des années 1930. Si la star du musée est **Edward Hopper**, on découvre sur ses traces, **Paul Cadmus** ou **Reginald Marsh**. Viennent ensuite les expressionnistes abstraits, **Robert Motherwell** et **Clyfford Still**, Alexander Calder, Franz Kline, puis **Andy Warhol**, ou, plus récemment, **Kiki Smith**.

francois-roux/Getty Images Plus
Little Island conçue par Heatherwick Studio.

Little Island ★★

A6 *Pier 55, Hudson River Park West 13th St. - www.littleisland.org - ♿ - juin-août : 6h-0h ; mars-mai et sept.-oct. : 6h-23h ; nov.-mars : 6h-21h.*
Inaugurée en 2021, Little Island fait partie du projet d'aménagement de l'Hudson River Park. La réalisation de cette île-jardin sur pilotis a duré presque 4 ans et coûté environ 260 millions de dollars, principalement financés par la fondation de l'entrepreneur milliardaire **Barry Diller** et de son épouse, la créatrice **Diane von Furstenberg** (déjà actionnaire de La High Line). Conçu par le designer **Thomas Heatherwick**, à qui l'on doit aussi **The Vessel**★ (*p. 50*), Little Island lévite hors de l'eau grâce aux 132 pots en forme de tulipes en béton qui le soutiennent, hauts de 5 à 18 m. Au ras de l'Hudson River, on distingue encore les vieux piliers de bois du Pier 54, conservés pour préserver la faune et la flore sous-marines.
En suivant les chemins aménagés, plusieurs points de vue permettent d'admirer la *skyline* de Manhattan et Downtown. Pour un panorama d'ensemble sur Little Island, montez plutôt sur le nouveau rooftop park du **Pier 57** (gros bâtiment vert d'eau appartenant à Google), où deux niveaux de terrasses avec pelouses, bancs et solarium accueillent les visiteurs. Du 2e étage, le regard embrasse un kaléidoscope d'architectures, des entrepôts du Meatpacking aux derniers

condominiums en construction. Un food hall gourmet occupe le rez-de-chaussée, avec vue splendide.

High Line ★★

AB5-6 *www.thehighline.org.*
Parallèle à l'Hudson, cette ligne de chemin de fer désaffectée servait au transport des marchandises pour la partie industrialisée de l'ouest de Manhattan. La portion aérienne reliant Gansevoort Market à la 34th Street, vers Chelsea et Penn Station, a été reconvertie en **coulée verte suspendue** entre 2009 et 2014. La balade de 2,3 km commence au Meatpacking District et serpente à travers le quartier de Chelsea, au milieu des immeubles aux architectures éclectiques.

Jouant astucieusement entre le graphisme conservé de quelques rails, le mobilier urbain et des parterres de graminées, la High Line est jalonnée d'aires de repos et de points de vue, particulièrement agréables en soirée, pour regarder le soleil décliner sur l'Hudson River. Au fil de la promenade, vous pourrez admirer les œuvres d'architectes renommés, tels que l'**IAC Building** (Frank Gehry), le **100 11th Avenue** (Jean Nouvel), la résidence **HL23** (Neil Denari) et le **520 West 28th** (Zaha Hadid).

Hudson River Park ★

B4 A5-7 *www.hudsonriverpark.org.*
Si la High Line s'ancre dans un environnement totalement urbain, se promener dans Hudson River Park ouvre l'horizon et permet d'oublier le tumulte de la ville. **De la 59th St.** au nord **à Battery Park** au sud, cyclistes, flâneurs, contemplatifs et joggeurs se mêlent pour apprécier une vue dégagée sur la *skyline* du New Jersey, en face, et profiter d'espaces verts et de nombreux bancs aménagés le long de la promenade pour apprécier New York autrement. Reposant !
Au fil de la balade, des marinas abritent des **bateaux de croisière**. Pour une balade sur l'Hudson et dans la baie, Circle Line Cruises *(Pier 83 - entre 42nd St. et 12th Ave.)* a bonne réputation. **Chelsea Piers** *(Pier 62 - entre 17th et 23rd St. - ✆ 212 336 6666 - www.chelseapiers.com - ✕)* est un complexe englobant quatre jetées et comptant plusieurs clubs de sport. On y pratique le skate, la natation, le bowling, etc. Sur le Pier 62, les enfants apprécieront aussi le joli **carrousel** posé devant la rivière. Les amateurs de **vélo** pourront en louer au niveau de la 44th St. *(Pier 84 – Maritime Entertainment District).*

Hudson Yards ★

B5 *Entre la 30th St. et la 34th St., de l'Hudson à la 10th Ave.*
Posé à l'extrémité nord de la High Line, voici le plus grand projet immobilier privé depuis la construction du célèbre Rockefeller Center dans les années 1930. Avec ses gratte-ciel, ses résidences, son centre commercial (☞ p. 125), son hôtel, ses attractions, sa plateforme d'observation, ses œuvres d'art et son parc public, Hudson Yards a transformé le visage de Manhattan. Son coût a été évalué à près de 20 milliards de dollars, incluant d'impressionnantes innovations technologiques comme sa station

La coulée verte de High Line.

électrique anti-coupure de courant et son propre système de traitement des déchets. Ville dans la ville, ce chantier pharaonique sera terminé en 2025, mais la première phase se déploie depuis 2019.

The Vessel★

www.hudsonyardsnewyork.com - fermé temporairement, se rens. - accès possible seulement au rez-de-chaussée, 10h-20h, dim. 11h-19h.
Inaugurée en 2019 et imaginée par l'artiste et designer britannique Thomas Heatherwick, cette impressionnante œuvre de cuivre et de verre rappelle l'alvéole d'une ruche. La structure de 15 étages compte 80 plateformes d'observation proposant toutes une perspective et un panorama différents. Les amateurs d'architecture et de photographie seront conquis.

The Shed

545 West 30th St. - theshed.org - ♿ - merc.-dim. 11h-18h (vend. 20h) - expositions 15 $ (-18 ans gratuit).
Conçue par les architectes Diller Scofidio + Renfro, ce centre artistique voisin du Vessel affiche depuis 2019 une programmation éclectique (littérature, musique classique, hip-hop, théâtre, street culture, etc.). Sa coque de nacre est entièrement amovible grâce à six gigantesques roues, permettant ainsi de moduler l'espace selon les besoins.

Edge★★

30 Hudson Yards - www.edgenyc.com/fr - 10h-22h - 42/78 $ selon options, tarifs variables selon j. et horaires, consulter le site Internet - réductions en ligne.
Inaugurée en 2020, Edge est la plateforme d'observation la plus élevée de New York, mais aussi de tout l'hémisphère ouest. L'accès se fait par le 4e étage du centre commercial **The Shops at Hudson Yards**. La visite commence par un parcours immersif sur la conception du site et ses innovations environnementales. Puis les ascenseurs mènent au 100e étage où les visiteurs découvrent la terrasse extérieure triangulaire, suspendue à 335 m de hauteur. Les grandes parois de verre sont inclinées pour pouvoir se pencher et une partie du sol est vitrée – sujets au vertige s'abstenir ! Au bout de l'esplanade, un large escalier permet de faire une pause pour admirer la vue. Bar à champagne au 101e étage.
Pour les plus téméraires, l'attraction **City Climb** *(tlj 10h-18h, 185 $ incluant l'entrée à Edge)* est la plus haute ascension de bâtiment à ciel ouvert au monde ! Harnachés, les visiteurs grimpent des escaliers d'acier pentus installés à flanc de building, à 365 m du sol. Il faut avoir le cœur bien accroché pour vivre cette expérience incroyable, que seule New York peut procurer !

Union Square et Madison Square★

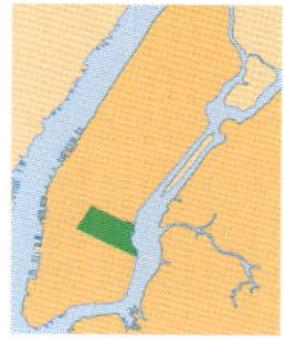

Avec Chelsea, cet ensemble de quartiers est un trait d'union entre Downtown et Midtown. Le Flatiron Building pointe son étrave vers le nord, là où Broadway et 5th Avenue se croisent. Au-delà, on distingue la forêt bétonnée de Midtown, mais avant cela, New York prend le temps de s'attarder dans des squares verdoyants. Union Square est le plus bourdonnant, le plus champêtre aussi, quand les fermiers des environs viennent y vendre leurs produits. Plus à l'est, Gramercy Park réserve ses bancs paisibles aux seuls riverains, tandis que Madison Square, au nord, est le plus urbain des trois, avec ses pistes de promenades pour chiens et tout autour, la ville qui dresse ses gratte-ciel.

▶**Accès :** stations de métro et arrêts de bus **Union Square** ou **Madison Square**. **Plan détachable C6**.
▶**Conseil :** visitez ce quartier les lundi, mercredi, vendredi ou samedi, jours de marché à Union Square.

Union Square Park

Créé en 1831, ce parc, théâtre de diverses manifestations, est désormais un lieu de détente apprécié. Les abords de la place comptent quelques-uns des premiers gratte-ciel de New York.
Un **marché du terroir** (*greenmarket*) s'y tient certains jours de la semaine *(« Conseil » ci-dessus)*. Des étals de produits laitiers aux fleurs, en passant par les fruits et légumes, les herbes et les pâtisseries, l'accent est mis sur les *organic products* (bio), en provenance directe des exploitations agricoles du New York State et des États environnants (Pennsylvanie, New Jersey, etc.). Union Square attire les chevalets des artistes en devenir ou les musiciens de rue, mais séduit également les travailleurs, qui viennent y dévorer un sandwich aux heures de pause, ou les étudiants qui se prélassent sur ses pelouses aux premiers rayons de soleil.

Gramercy Park ★

Entouré de belles maisons mais réservé aux riverains (eux seuls en ont les clés !), c'est l'un des plus beaux parcs de New York.

Flatiron Building ★★

Il fut à la fois le premier gratte-ciel de New York (1902) et, à l'époque, le plus élevé du monde (87 m) : autant dire mythique ! Revendu en 2023, son prix a atteint 190 millions de dollars aux enchères ! Ses 21 étages supportés par une structure en fonte, son style Beaux-Arts italianisant et sa forme originale sont dus à **Daniel Burnham**. Étonnamment étroit, il occupe un triangle entre Broadway, la 5th Avenue et la 22nd Street : sa forme en « fer à repasser » lui a valu son surnom.

Theodore Roosevelt Birthplace

28 East 20th St. - ✆ 212 260 1616 - www.nps.gov/thrb - tlj sf lun.-mar. 10h-12h, 13h-16h - visite guidée seult (se rens. avant).

La maison natale du 26e président des États-Unis (1901-1909) fut construite en 1848 et détruite en 1916. Celle-ci, édifiée en 1920 pour la remplacer, présente une collection d'objets ayant appartenu à lui ou à sa famille.

Madison Square ★

Halte agréable, la place fut jadis au cœur d'un quartier élégant et servit de terrain au premier club de base-ball de la ville.

À quelques blocs, au 4 Pennsylvania Plaza, se dresse l'immense salle **Madison Square Garden**, qui accueille des concerts, des matchs de basket (antre des New York Knicks) et des rencontres de hockey sur glace (New York Rangers)...

NoMad ★

Le quartier de NoMad se dévoile au nord de Madison Square Park et au sud de l'Empire State Building. Ancien repaire d'antiquaires, de friperies farfelues, de bijoutiers et de grossistes, le quartier a longtemps été laissé pour compte. Mais depuis quelques années, NoMad revient sur le devant de la scène, plus luxe que jamais. Les hôtels au design pointu ouvrent à tour de bras, les boutiques vintage jouxtent des concept-stores tendance. Quant à la scène culinaire, elle a l'audace de marier street-food et restaurants étoilés.

Fotografiska ★

281 Park Ave. South - ✆ 212 433 3686 - www.fotografiska.com/nyc - 9h-21h - 31 $ (-6 ans gratuit).

Fondé à Stockholm en 2010, puis décliné à Tallin, ce musée privé consacré à la photographie dans sa pluralité a ouvert à New York en 2019, sur la prestigieuse Park Avenue, dans le quartier tendance de NoMad. Les cinq étages de l'ancienne **Church Missions House**, édifice historique datant de 1894, présentent le travail artistique, engagé ou poétique de photographes et reporters du monde entier, à travers des expositions temporaires. Sur place, boutique, café, superbe restaurant **Veronika** et, ouvert aux non-membres à certaines heures seulement, un extraordinaire **Chapel Bar**.

Koreatown

Dans la W 32th St. (entre la 5th Ave. et Broadway) et les rues alentour, K-Town vous plonge au pays du Matin Calme, où de nombreux commerces entretiennent les clichés de ce pays : restaurants de barbecue ouverts 24h/24, karaokés dont raffolent les businessmen de Séoul, gadgets pop, produits de beauté, acupuncteurs, etc.

Près du parc de Madison Square

WRONG WAY

West Midtown★★★ et Theater District

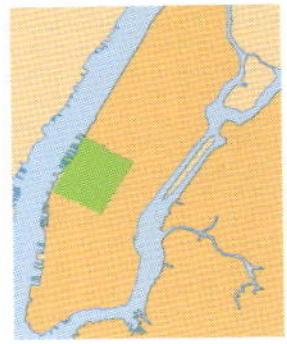

Midtown, et vous entrez dans la démesure. Ce sont désormais les gratte-ciel de verre et d'acier, les néons gigantesques de Times Square, le collier de théâtres de Broadway, les boutiques prestigieuses de la 5th Avenue, les panoramas fantastiques depuis l'Empire State Building et le Rockefeller Center, et, bien sûr, la fabuleuse collection d'art moderne et contemporain du MoMA. De quoi donner le tournis !

▶**Accès :** pour tout voir, il faut beaucoup marcher. Vous pouvez longer les avenues en bus (5th Ave. : **lignes 1 à 4** ; 6th Ave. : **lignes 5 à 7** ; 7th Ave. et Broadway : **lignes 6 et 7**) ou utiliser le métro : stations **Herald Sq.**, **Times Sq.** et **5th Avenue**.

Plan détachable BC4-5.

▶**Conseil :** Si vous souhaitez atteindre le sommet de l'Empire State Building, prévoyez au minimum 1h de queue.

Broadway ★ Theater District

BC4 Quand New York fut créée, ce qui est aujourd'hui Midtown n'était qu'une campagne aux terres ondoyantes. Mais tandis qu'au sud l'immigration amenait ses vagues de populations pauvres, ceux qui avaient fait fortune s'installaient plus au nord, le long de la 5th Avenue, suivis par les grands magasins et les hôtels chics. Comme il fallait naturellement distraire ce beau monde, le **Theater District** (Quartier des Théâtres) vit le jour, avec l'ouverture en 1895 de l'Olympia. Rapidement, près de 80 théâtres essaimèrent de part et d'autre de Broadway, autour de ce qui est devenu **Times Square**★★, dans un périmètre allant de la 6th à la 8th Avenue, entre les 40th et 57th Streets. Destinés aux comédies légères et aux revues, ils virent ensuite se produire les grands dramaturges européens d'abord, américains ensuite puis des comédies musicales et finalement des shows érotiques. Rénovés dans les années 1990, les anciens théâtres (une quarantaine) ont, depuis, renoué avec le succès populaire des comédies musicales.

Historic Theaters

BC4 Commencez par la **42nd Street** où se situent les plus anciennes et les plus prestigieuses salles du Theater District, puis remontez vers le nord. Le **New Amsterdam Theater** (1903) accueillit les spectacles new-yorkais de Maurice Chevalier. La 44th Street multiplie elle aussi les salles riches d'histoire : le **Majestic** (1927), le **Shubert Theater** (1913) qui vit les

À faire en famille : SpyScape, le musée de l'espionnage
Une plongée interactive dans l'univers de la surveillance et des opérations de renseignements qui plaira aux parents comme aux adolescents, à condition de maîtriser un tant soit peu l'anglais. Les salles traversent différentes périodes, de la Seconde Guerre mondiale à la guerre froide, des enquêtes contemporaines du FBI aux grands piratages informatiques. Bien des épreuves jalonneront votre parcours (messages codés, détecteur de mensonges). En fin de parcours, votre bracelet d'identification nominatif définira le profil de l'espion qui sommeille en vous... Plutôt cryptologue ou agent de terrain ?
C4 *928 8th Ave. (angle 55th St.) - ☏ 212 549 1941 - spyscape.com - 12h-20h, sam. 11h-20h, dim. 11h-19h (dernière entrée 90mn avant la fermeture ; comptez 1h30-2h de visite) - à partir de 39 $ (enf. 32 $), tarifs variables selon j., horaires et options, consulter le site Internet.*

débuts de Barbara Streisand ou encore le **Lambs Theater** (1904). Au n° 432, dans une ancienne église, se tient l'**Actors Studio** où étudièrent Marlon Brando, Dustin Hoffman et Al Pacino, parmi d'autres. Sur la 45th Street, le **Lyceum Theater** conserve sa façade Beaux-Arts (1903). L'**Imperial Theater** joue des comédies musicales célèbres. Sur la 46th Street, le **Lunt Fontanne Theater** a accueilli Marlene Dietrich. Une rue plus haut, le **Barrymore Theater** produisit *Un tramway nommé Désir* avec Marlon Brando. À l'angle de Broadway et de la 50th Street, le **Cadillac Winter Garden** résonne encore des Ziegfeld Follies, qui s'y donnèrent en spectacle avec Joséphine Baker.

Museum of Broadway

C5 *145 West 45th St. (angle 7th Ave.) - ☏ 212 239 6200 - www.themuseumofbroadway.com - ♿ - 9h30-18h30 (20h sam.) ; 39-49 $. Comptez 1h30 à 2h30 de visite.*
Un nouveau musée richement documenté qui présente, à travers une muséographie digne d'un show de Broadway, un parcours chronologique immersif retraçant toute l'histoire de ce quartier des théâtres et des comédies musicales, depuis 1732.

Carnegie Hall

C4 *156 West 57th St. (angle 7th Ave.) - ☏ 212 247 7800 - www.carnegiehall.org - ♿ - visite guidée 1h (sf juil.-sept.) : se rens. pour les horaires sur le site Internet - 20 $.*
La plus célèbre salle de concerts de New York est l'œuvre d'**Andrew Carnegie**, magnat de l'acier et fils d'immigrants écossais, très tôt engagé dans les œuvres caritatives. À la fin du 19e s., il décida de financer la construction d'une salle de renommée internationale. Érigée en forme de fer à cheval dans un style évoquant la Renaissance italienne, elle fut inaugurée le 9 mai 1891 sous la baguette de Tchaïkovski. De 1892 à 1962, ce fut la scène du **New York Philharmonic Orchestra**. L'intérieur comporte trois

Marco_Piunti/Getty Images Plus

Times Square.

salles où alternent concerts classiques, jazz, world et variétés. Le **Rose Museum** *(2e étage - de mi-sept. à fin juil. : 11h-16h30)* rassemble des documents retraçant plus d'un siècle d'histoire du Carnegie Hall.

Hearst Tower ★

C4 *300 West 57th St.* Un bâtiment atypique, qui a fait date dans le paysage urbain new-yorkais. La structure de base Art déco (conçue par l'architecte Joseph Urban en 1928) fut coiffée en 2006 d'une tour réalisée par Norman Foster. L'édifice d'origine, inachevé à cause du krach boursier de 1929, fut entièrement vidé pour laisser place à la nouvelle construction. Haut de 40 étages, le building présente une façade en damier où le verre est emprisonné dans des triangles d'acier superposés, supprimant la nécessité de murs porteurs. Le hall du bâtiment accueille une sculpture baptisée *Icefall*, construite avec des milliers de panneaux de verre, formant une chute d'eau de pluie, ainsi qu'une fresque de 23 m, *Riverlines*, réalisée par le Britannique Richard Long.

Times Square ★★

C5 *Carrefour Broadway et 7th Ave.* Trottoirs bondés à toute heure, déluge de lumières, concert de klaxons... Au cœur du Theater District, Times Square demeure le **symbole** absolu de la frénésie new-yorkaise !

Au 19e s., **Longacre Square** servait de marché aux chevaux. Son nom changea en 1904 lorsque le quotidien *The New York Times* décida d'y construire ses bureaux. En 1916, on autorisa l'installation des premières **enseignes électriques** qui allaient donner son caractère au célèbre carrefour. À la grande époque du cinéma new-yorkais, le quartier accueillit de célèbres studios, dont la Paramount et la Twentieth Century Fox, puis, à partir des années 1970, il vit chuter sa réputation en raison du trafic de drogue et de l'ouverture de sex-shops dans les rues avoisinantes. Avec les années 1990 revint le calme. Aujourd'hui, Times Square compte encore plusieurs immeubles dignes d'intérêt : au no 1 le siège (jusqu'en 2007) du *New York Times*, au no 3 l'agence de presse **Reuters** et au no 4 le gratte-ciel très high-tech de la **Condé Nast** (1999), reconnaissable à sa tour ronde drapée d'écrans.

Madame Tussaud's Wax Museum

C5 *234 42nd St. - ✆ 866 841 3505 - www.madametussauds.com/new-york - 10h-20h, vend.-sam. 10h-22h - à partir de 44 $, suppléments pour les expériences, réductions en ligne.*
Ce musée met en scène plus de 200 célébrités américaines, moulées dans la cire, d'un réalisme étonnant ! Parmi les expériences interactives à découvrir avec des ados (pas de jeunes enfants) : Marvel Universe 4D, court-métrage en 4D qui vous propulse dans le monde des super-héros Marvel ; et Coney Island Carnage Carnival, jeu immersif en 7D où l'on s'affronte en équipe à l'aide de pistolets lasers.

Garment District

C5 Étendu de la 30th à la 40th St., ce quartier fut longtemps le fief de la **confection**, l'une des principales industries de New York. Aujourd'hui, les ateliers sont partis vers le Lower East Side, Chinatown et Brooklyn, en raison des loyers prohibitifs.

Macy's ★

C5 *151 West 34th St. (entre Broadway et 7th Ave.) - www.macys.com - 10h-21h, vend.-sam. 10h-22h, dim. 11h-21h.*
Construit en 1901, Macy's s'enorgueillit d'être le plus grand magasin du monde, avec dix étages de rayons ! Chaque année y est organisée la **Thanksgiving Day Parade**, un défilé haut en couleur (☛ p. 147).

5th Avenue ★★★

C5-D4 La 5th Avenue, égrenant les enseignes chics, est un **emblème** de New York. Ce canyon urbain rectiligne divise la ville en deux : de Washington Square à Harlem, toutes les rues de Manhattan portent, devant leur numéro, le nom de la position qu'elles occupent par rapport à l'avenue mythique : **East** ou **West**. Jadis cadre des plus imposants manoirs, elle est devenue, au début du 20e s., celui des grands magasins et des boutiques de luxe. Ses abords comptent quelques-uns des joyaux architecturaux de la ville et, à l'ouest jusqu'à la 6th Avenue, de passionnants musées, dont l'incontournable MoMA.

Empire State Building ★★★

C5 *350 5th Ave. (entre 33rd et 34th Sts.) - ✆ 212 736 3100 - www.esbnyc.com - 10h-21h (dernier ascenseur 20h15) ; horaires sujets à variation, se rens. - observatoire du 86e étage et musée du 2e étage : 44 $ (6-12 ans 38 $) ; avec montée optionnelle au 102e étage 79 $; Main Deck Express (City Pass) pour le 86e et 102e étage 129 $. Comptez 2h avec la queue.*
Avec l'effondrement des tours jumelles du World Trade Center, ce **gratte-ciel légendaire** était redevenu **le plus haut de la ville** (443 m avec l'antenne) jusqu'à ce qu'il soit détrôné par le One World Trade Center qui, achevé en 2014, mesure 541 m. L'Empire State Building, construit à l'emplacement du premier hôtel Waldorf-Astoria, fut inauguré le 1er mai 1931. L'affaire aurait pu être un fiasco puisque, les contrats à peine signés, les États-Unis s'enfonçaient dans la Grande Dépression de 1929. Au contraire, cela sembla galvaniser tout le monde et le gratte-ciel éveilla tous les fantasmes.

Une œuvre colossale
Il ne fallut qu'un an et 45 jours pour achever l'Empire State Building : jusqu'à 4 000 ouvriers par jour, 60 000 tonnes d'acier, 10 millions de briques. L'immeuble compte 6 500 fenêtres, 73 ascenseurs ultrarapides, 1 860 marches. Il devait coûter 50 millions de dollars, mais la facture fut réduite à 41 millions. Sa rénovation, au contraire, coûta près de 100 millions de dollars !

En 1933, le cinéma s'en empare avec le mythique gorille géant, King Kong, qui escalade ses parois jusqu'au sommet. Plus tragique, en 1945, par temps de brouillard, un avion vient s'encastrer dans le 79e étage, faisant 14 victimes. Installée en 1953, l'antenne de télévision surmontant le mât d'origine fut, de fait, équipée d'une lanterne pour avertir les pilotes « égarés ». Chaque soir, le sommet de l'édifice s'illumine, les couleurs changeant en fonction des jours et des saisons. Grâce aux récents travaux de rénovation, l'expérience Empire State Building a été entièrement repensée. Moderne, immersive et interactive, la visite commence désormais au 2e étage, où se trouve un musée de près de 1 000 m² relatant l'histoire et la conception architecturale du building, avant d'arriver à la terrasse extérieure.
Observatoire – Situé au 86e étage (320 m d'altitude), il permet de profiter de l'un des plus beaux **panoramas★★★** de la ville : la forêt de béton de Midtown, au nord, le nouveau complexe de Hudson Yards, et, au-delà des immeubles moins élevés de Greenwich et de SoHo, les gratte-ciel du sud de Manhattan, dont le One World Trade Center.

New York Public Library ★

C5 *5th Ave., entre West 40th et 42nd Sts - ✆ 917 275 6975 - www.nypl.org - 10h-18h, mar.-merc. 10h-20h, dim. 13h-17h.*
La bibliothèque de New York – l'une des plus importantes au monde – est l'œuvre de quatre hommes : deux mécènes bibliophiles, John Jacob Astor et James Lennox, un donateur, Samuel Tilden, et son exécuteur testamentaire, John Bigelow. Le mérite de ce dernier est d'avoir réussi à fusionner les bibliothèques des deux premiers en utilisant l'argent du troisième pour leur construire cet édifice (1911). La conception fut confiée aux architectes Carrère & Hastings, qui signèrent une de leurs premières œuvres. **Andrew Carnegie**, également, contribua au projet. Outre l'envolée des marches, vous pourrez admirer la **colonnade** et la **paire de lions** en pierre gardant l'entrée. Si l'extérieur est un peu massif, l'intérieur, en marbre avec une **spectaculaire verrière** de six étages, apparaît plus aéré. Les **collections** sont les deuxièmes du pays après celles de la bibliothèque du Congrès, à Washington.

Bryant Park ★

C5 *Entre 42nd et 40th Sts.*
Adossé à la Public Library, ce parc adoré des New-Yorkais est idéal

pour une pause ou un pique-nique. Pelouses, tables et chaises, jeux de société ou de plein air et plusieurs kiosques où grignoter et se désaltérer. L'été, on y donne des concerts et défilés de mode. L'hiver, une patinoire et un marché de Noël sont installés. Remarquez la diversité architecturale des édifices qui le bordent : l'**American Standard Building** (1924), en brique noire et terre cuite dorée, et le **Grace Building** (1972), avec sa façade incurvée vers le sol.

Diamond & Jewelry Way

C5 *47th St., entre 6th et 5th Aves.*
90 % des diamants qui entrent aux États-Unis passent par cette rue où se vend la plus grande quantité de **pierres précieuses** au monde ! Démarré dans le sud de Manhattan au 19e s., ce négoce a suivi la remontée vers le nord des riches clients de la 5th Avenue. Environ 2600 entreprises se sont installées ici !

Rockefeller Center ★★★

C5 *5th Ave., entre 48th et 51st Sts - ✆ 212 588 8601 - www.rockefellercenter.com - visites guidées 10h-19h (se rens.) : Rockefeller Center Tour 29,50 $.*
Le Rockefeller Center est le premier exemple de grand concept architectural et urbain à New York. Pour la première fois, on projetait un vaste ensemble, unifié autour d'une idée et d'un style. **John D. Rockefeller Jr.**, magnat du pétrole, homme le plus riche du monde à l'époque, vit dans cette réalisation l'occasion de développer son quartier. Il centra le projet sur les industries naissantes de la radio et du cinéma. Les architectes conçurent un ensemble de 13 immeubles agencés autour d'une place centrale et d'un gratte-ciel symbole, plus élevé que les autres. Des œuvres d'art, un jardin et des espaces ouverts devaient permettre au public de s'approprier l'endroit et de faire passer le message d'une Amérique idéale. Commencé en 1931, achevé en 1939, le complexe initial fut, à l'exception du World Trade Center et récemment de Hudson Yards, le seul projet d'une telle ambition. En 1947 et 1973, on bâtit sept nouveaux immeubles. Le nombre de personnes qui y travaillent est évalué à 65 000.
Rockefeller Plaza★★ – Vous y accédez depuis la 5th Avenue en longeant les **Channel Gardens** *(jardins de la Manche)*, entre la **Maison française** et le **British Empire Building**. Cette étroite coulée fleurie descend en pente douce vers Lower Plaza, un café semi-enterré encadrant une large terrasse, cernée de drapeaux de tous les pays. C'est là que se trouvent la célèbre patinoire, réaménagée chaque hiver depuis 1936, et la statue rutilante de **Prométhée** (Paul Manship, 1934).
General Electric Building★★ – Le plus haut des gratte-ciel du complexe, achevé en 1933 (70 étages construits en moins de seize mois), est considéré comme un parfait exemple d'Art déco, tant à l'extérieur, avec ses lignes droites et le décrochement progressif des étages, qu'à l'intérieur. L'entrée sur la plaza est décorée de bas-reliefs colorés (Lee Lawrie, 1933), centrés sur le thème de la sagesse. Le hall est encore plus impressionnant, avec son immense fresque de l'Espagnol José

Maria Sert, intitulée *American Progress* (l'œuvre a remplacé l'« offensante » réalisation de Diego Rivera qui montrait le défilé du 1er Mai conduit par Lénine).

Top of the Rock★★ - **C4** - *entrée par 50th St. entre 5th et 6th Aves - 67e-70e étage - ✆ 877 692 7625 - www.topoftherocknyc.com - 9h-23h, (dernier ascenseur 22h10) - 40 $ (6-12 ans 34 $)- réservez la veille par téléphone ou Internet pour choisir votre horaire.*

Avec l'Empire State Building et SUMMIT One Vanderbilt, voici la troisième option pour voir le cœur de Manhattan de haut. Plus basse, la terrasse (259 m) permet d'admirer l'Empire State et Central Park. Le splendide **atrium★★★**, qui s'élève sur trois étages vitrés, présente l'histoire du Rockefeller Center. L'observatoire, étroit et allongé comme le pont d'un navire, offre un merveilleux **panorama★★★** sur Midtown : préférez le soir, pour profiter des lumières de la ville !

NBC Studio Tour ★

C4 *30 Rockefeller Plaza - ✆ 212 664 3700 - www.thetouratnbcstudios.com - ♿ - 8h20-14h20, vend. 8h20-17h, w.-end 8h20-18h (dép. ttes les 20mn) - 33 $ (6-12 ans 29 $).*

En visitant les studios, vous découvrirez l'histoire de la chaîne NBC, les débuts de la radio et le passage à la télévision.

Radio City Music Hall ★

C4 *1260 6th Ave. (angle 50th St.).*

Typiquement Art déco, cette salle de music-hall (1932), le plus grand théâtre couvert au monde, faisait partie du grand complexe du Rockefeller Center. On y jouait traditionnellement les premières des films. Elle accueille désormais des spectacles musicaux, dont le plus populaire est le *Radio City Christmas Spectacular,* le show de Noël des Rockettes.

Museum of Modern Art (MoMA) ★★★

C4 *11 West 53rd St. (entre 5th et 6th Aves) - ✆ 212 708 9400 - www.moma.org - 10h30-17h30, sam. 10h30-19h - 25 $ (-16 ans gratuit) ; le billet inclus l'entrée au MoMA PS1 (**p. 100**). Comptez de 1h30 à 3h.*

Au moins pour le coup d'œil, passez par la boutique MoMA Design Store, presque aussi célèbre que le musée lui-même.

Son architecture intérieure légère, son petit jardin de sculptures et son incroyable concentration de chefs-d'œuvre font du **MoMA** une promenade fascinante dans l'art du milieu du 19e s. à nos jours. Le musée a été fondé en 1929 par trois femmes, **Abby Rockefeller** (dont le mari créa le Rockefeller Center), **Lillie Bliss** et **Mary Sullivan**, qui désiraient mettre l'art moderne à la mode.

Après une première modernisation en 2004 (réalisée par le Japonais Yoshio Taniguchi), une nouvelle phase d'extension du musée – dont le coût s'élève à 450 millions de dollars ! – s'est achevée fin 2019 : le MoMA compte désormais 30 % de surfaces d'exposition supplémentaire dans trois étages pris dans le nouveau

WISDOM AND KNOWLEDGE
SHALL BE THE
STABILITY OF THY TIMES

gratte-ciel de verre adjacent signé **Jean Nouvel**. La conception du projet a été confiée au cabinet d'architectes **Diller Scofidio + Renfro** (en collaboration avec Gensler), déjà connu pour avoir cosigné la High Line (*p. 48*). Grâce à ce nouvel ensemble, l'expérience de visite du MoMA a été entièrement repensée. La scénographie conserve un parcours plus ou moins chronologique mais le musée, qui a renoncé au système d'accrochage des œuvres par discipline artistique, mélange audacieusement les supports, peinture, sculpture, design ou photographie. Les curateurs ont prévu une rotation des collections tous les 6 à 9 mois afin de renouveler régulièrement l'expérience de visite. Pour compléter son évolution, le MoMA veut revenir à sa mission originelle et bousculer les esprits. Il prend le parti d'intégrer des identités plurielles à ses collections, où sont désormais exposées des œuvres d'artistes asiatiques, afro-américains ou féminines.

Le MoMA s'organise autour d'un hall spectaculaire. Une paroi vitrée donne sur le **jardin des Sculptures★★**, ponctué de bancs.

Peintures et sculptures★★★ – Les **impressionnistes** sont représentés par Pierre Bonnard, Édouard Vuillard ou Claude Monet dont le triptyque *Reflections of the Clouds on the Waterlily Pond* (1920) occupe une salle entière.

Les **postimpressionnistes** étaient attirés par des lignes simplifiées et des couleurs plus franches. Parmi eux, Georges Seurat (*Evening, Honfleur,* 1886), Paul Cézanne (*The Bather,* 1885), Paul Gauguin ou Henri Rousseau. Vincent Van Gogh est mis à l'honneur avec *The Olive Trees* (1889) et la célèbre *Stary Night* (1889).

Les **fauves**, André Derain et les premiers Matisse s'identifient à leurs coups de pinceau hardis et à leurs aplats colorés. Dans la succession de ce mouvement, Picasso amorce une nouvelle étape dans la peinture. Ses toiles de jeunesse permettent de mesurer sa longue évolution, depuis les couleurs douces et les modèles figuratifs de ses nus de la période rose jusqu'aux *Demoiselles d'Avignon* (1907), où l'on devine à la fois l'influence de l'art océanique et la dérive progressive vers le **cubisme**, soulignée dans des toiles telles que *Boy leading a Horse* (1905-1906), *Woman with Pears* (1909) ou *Ma jolie* (1911-1912). Le musée possède des tableaux de Juan Gris et de nombreuses toiles d'Henri Matisse, parmi lesquelles sa célèbre *Dance.*

En route pour la visite

Suite aux travaux et à la modification des formats d'exposition décidés par le MoMA, les disciplines ne sont pas segmentées et certaines juxtapositions peuvent surprendre. Elles visent à s'interroger sur l'art et à souligner les liens qui peuvent rapprocher des artistes ou au contraire opposer des courants. Pour des raisons pratiques, nous présentons les grands mouvements artistiques en citant les meilleurs exemples que vous pourrez en voir.

Suivent plusieurs œuvres de l'Espagnol De Chirico, des Fernand Léger et des sculptures de Brancusi.
L'**expressionnisme** se traduit par une vision des choses déformée par les émotions de l'artiste. Les formes se stylisent et les couleurs sont souvent vives. Les Allemands sont les tenants de ce courant, représenté par des peintres comme Oskar Kokoschka, Paul Klee ou Vassily Kandinsky (*Picture with an Archer,* 1909).
Le premier **art abstrait** prend la suite du cubisme. Mais les formes géométriques et les larges surfaces colorées ne prétendent plus se rattacher au réel. Parmi les pionniers, on trouve Marc Chagall, Robert Delaunay, Kazimir Malevich ou Fernand Léger. Dans un autre style, la salle Mondrian introduit une forme purement plastique de cet art.
Le **mouvement Dada** et le **surréalisme** occupent aussi une vaste salle, qui inclut les collages initiés par Picasso et Braque. Dans cette lignée, on découvre Francis Picabia, Marcel Duchamp ou Kurt Schwitters.
Parmi les grands surréalistes, vous admirerez André Breton, Joan Miró avec *Hirondelle Amour* (1933), Max Ernst, René Magritte et Salvador Dalí (*The Persistence of Memory,* 1931). Pour les sculpteurs, on note les remarquables statues de Giacometti.
Les **peintres américains** ne sont pas en reste, avec Edward Hopper ou Charles Sheeler.
Au MoMA, sont réunis d'autres grands noms de la peinture américaine et de l'**expressionnisme abstrait** du milieu du 20e s. à nos jours : Jackson Pollock, Willem De Kooning avec *Woman I* (1950), Mark Rothko, Clyfford Still, Robert Rauschenberg, Jasper Johns, mais aussi l'Anglais Francis Bacon. Aux côtés d'Andy Warhol et *Gold Marilyn Monroe* (1962), le **pop art** recense James Rosenquist, Claes Oldenburg et Roy Lichtenstein.
Design, photographie et dessin★★ – Une aile consacrée au **design★★** couvre les progrès de la technologie dans les objets usuels et l'évolution de l'esthétique au cours du 20e s., des ustensiles de cuisine des années 1930-1940 jusqu'aux tout premiers ordinateurs, en passant par du mobilier plus ou moins extravagant.
Le département des **photographies** retrace l'histoire de ce média depuis le milieu du 19e s. et ses différentes applications journalistiques, artistiques ou commerciales.
La collection de **dessins★** présente des œuvres au crayon, à l'encre ou au fusain, des collages et des aquarelles.

Intrepid Sea-Air-Space Museum ★

B4 *Pier 86 (au niveau de 46th St.) - ✆ 212 245 0072 - www.intrepidmuseum.org - ♿ - 10h-17h (juin-sept. : 18h le w.-end) - 36 $ (5-12 ans 26 $).*
Ce musée en plein air rassemble des navires de la marine américaine, dont l'*Intrepid* – un porte-avions de la Seconde Guerre mondiale utilisé pendant la guerre du Vietnam et durant le blocus de Cuba –, une collection d'avions, dont le *Concorde* et l'*Enterprise*, la première **navette spatiale de la Nasa** (dans le Space Shuttle Pavilion).

East Midtown★

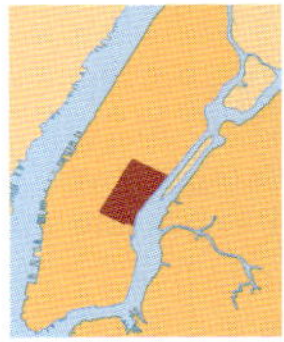

Quartier des affaires, la partie orientale de Midtown s'est développée à la même époque que sa voisine de l'ouest. La présence de la gare centrale en a fait une plate-forme d'échanges autour de laquelle sont naturellement venus se greffer des immeubles de bureaux. La proximité de la 5th Avenue a attiré hôtels de luxe et établissements prestigieux, comme la Morgan Library ou le siège des Nations unies. Ce n'est pas celui que le touriste qui découvre New York visitera en premier, mais le gratte-ciel de verre et d'acier SUMMIT One Vanderbilt, qui jouxte Grand Central Terminal, est en train de changer la donne. Son fabuleux observatoire panoramique offre une expérience visuelle et sensorielle à couper le souffle.

▶**Accès :** pour le siège de l'ONU et Grand Central, prenez la **ligne de bus 42**. En métro : **Grand Central Terminal**.

Plan détachable CD5.

▶**Conseil :** pour prendre de belles photos du Chrysler Building, utilisez un téléobjectif et allez sur la 3rd Avenue, entre les 42nd et 44th Streets. Pour admirer les détails de son architecture, munissez-vous de jumelles. Le SUMMIT One Vanderbilt permet aussi de voir sa spire de près.

Murray Hill ★

CD5 Comprise entre la 30th et la 40th St., la partie sud d'East Midtown doit son nom à Robert Murray, un marchand d'origine anglais qui y construisit sa « maison de campagne ». Le site demeura longtemps un quartier tranquille, occupé par des maisons bourgeoises et par les écuries des palaces de la 5th Avenue. Aujourd'hui, les manoirs ont laissé place aux grands magasins, et les écuries aux immeubles résidentiels.

Morgan Library ★★

C5 *225 Madison Ave. - ✆ 212 685 0008 - www.themorgan.org - tlj sf lun. 10h30-17h (vend. 19h) - 22 $. Comptez 1h à 1h30.*

Au 19e s., l'un des hommes les plus riches de New York, **John Pierpont Morgan** (1837-1913), érigea une luxueuse demeure de style néoclassique à Murray Hill. Son fils réalisa en 1924 le vœu de son père en transformant les collections privées de la famille (incunables et manuscrits rares) en institution publique. Donations et acquisitions sont, depuis, venues l'enrichir. Les locaux actuels, rénovés et agrandis par Renzo Piano, regroupent les habitations du père et du fils. Les fonds de **manuscrits** de **musique** et de **littérature** sont d'une grande richesse : partitions de la main de Mozart, Beethoven, Brahms, Chopin, Verdi et d'autres, sans oublier les modernes, Schoenberg ou Cage ; manuscrits littéraires, lettres ou notes de Galilée, Milton, Edgar Poe, Byron, Charles Dickens, Mark Twain, Thoreau, Oscar Wilde, John Steinbeck, Ernest Hemingway, Jane Austen… L'un des trois exemplaires connus de la Bible de Gutenberg est précieusement conservé dans la majestueuse East Room. Sont aussi exposés des ouvrages à la reliure constellée de pierreries, des manuscrits très rares, dont les plus anciens datent du 7e s. Objets sacrés et peintures sont disposés dans le bureau de Morgan : *Madone* du Pérugin, *Portrait de Maure* du Tintoret, *Portraits de Martin Luther et de sa femme* par Lucas Cranach l'Ancien, nombreux dessins de Michel-Ange, Léonard de Vinci, Dürer, Rembrandt, Watteau, mais aussi de Goya, Ingres, Degas ou Van Gogh.

Grand Central Terminal ★★

C5 *Angle Park Ave. South et 42nd St. - www.grandcentralterminal.com - ♿ - 5h30-2h - dépliant-guide disponible au kiosque central - audioguide en français avec plan aux guichets indiquant GCT Tour (9h-18h).*
En 1871, **Cornelius Vanderbilt**, magnat des chemins de fer, construisit une première gare, qui fut remplacée par l'édifice actuel en 1913. Sur les terrains en surface furent aménagées Park et Madison Avenues. À la place des immeubles noirs de suie, on éleva des résidences, des hôtels chics et, plus tard, des gratte-ciel, donnant au quartier une belle variété d'architecture du 20e s.
Avec ses accès transversaux aux voies que l'on pouvait aussi rejoindre depuis le métro, l'organisation de la **gare** était, à l'époque, révolutionnaire. Au plus haut de sa fréquentation, en 1947, on évalue à 65 millions le nombre de passagers qui foulent son sol chaque année. Classée en 1978, superbement rénovée en 1998, elle assure désormais le trafic régional.
Son imposante façade, de style Beaux-Arts, est ornée d'une horloge entourée de Mercure, Minerve et Hercule. La **salle des pas perdus**, haute de 12 étages, est coiffée d'une **voûte** peinte et électrifiée figurant les constellations célestes (représentées à l'envers ; l'ouest se retrouve à l'est !). D'imposants escaliers mènent aux balcons. Le rutilant petit kiosque central est l'un des points de rendez-vous mythiques de la ville.

Chrysler Building ★★★

D5 *Angle 42nd St. et Lexington Ave.*
Ce n'est ni le plus haut ni le mieux situé des gratte-ciel de New York, mais c'est sans conteste le plus beau. Sa finesse, son élégance racée et sa délicate spire sont incomparables. Érigé en 1930 à la demande de l'industriel de l'automobile **Walter Chrysler**, le Chrysler Building est né de l'imagination de l'architecte **William Van Alen** qui voulait construire l'immeuble le plus haut du monde (319 m, 77 étages). Il ne détint pas le record longtemps, dépassé l'année suivante par l'Empire State Building. Son originalité réside dans l'utilisation de l'acier comme garniture extérieure, soulignant les jeux de lumière sur sa structure et accentuant sa silhouette élancée. Avec ses décrochements, l'utilisation de gargouilles en forme de

tête d'aigle (évoquant les ornements des capots Chrysler), l'alternance des lignes arrondies et des triangles, et le sommet rappelant les chromes des voitures, c'est l'un des plus spectaculaires exemples d'architecture Art déco. À l'intérieur, le **hall** est tout aussi impressionnant : marbre rouge, frises géométriques, motif de l'aigle, fresque du plafond sur le thème du transport et de l'industrie.

SUMMIT One Vanderbilt ★★★

C5 *45 East 42nd St., à l'angle de Vanderbilt Ave. ; descendre au sous-sol et suivre les indications - summitov.com - tlj sf mar. 9h-21h30 ; horaires modifiables sans préavis, se rens. - à partir de 42 $ (6-12 ans 36 $), suppl. ascenseur Ascent 20 $ - réserv. obligatoire sur le site, aucun billet n'est délivré à l'entrée. Sur-chaussures et lunettes de soleil fournies à l'entrée. Trépieds photos, chaussures à talons et escarpins interdits. Comptez 2h à 3h de visite selon l'horaire choisi.*

Prenez votre temps à chaque niveau, car une fois les étages montés, vous ne pourrez plus redescendre ! Le coucher de soleil est très populaire mais si vous prévoyez d'arriver 1h-1h30 avant le créneau « *sunset* », vous aurez le temps de profiter de la lumière étincelante sur la spire du Chrysler et de la ville qui s'éclaire peu à peu. Il est recommandé de ne pas porter de robes ou de jupes, afin d'éviter les effets miroirs un peu gênants !

La sublime tour de verre et d'acier One Vanderbilt (2019) culmine à 427 m – flèche incluse – et se place ainsi en 4e position des buildings les plus hauts de la ville. Sa plateforme d'observation panoramique, SUMMIT One Vanderbilt, ouverte au public fin 2021, se distingue par bien des aspects des quatre autres observatoires et crée la sensation depuis son inauguration. L'ascenseur grimpe en 42 secondes et accède aux 3 niveaux, à 335 m de hauteur. Les espaces conçus par l'artiste numérique **Kenzo Digital Immersive** créent une expérience multisensorielle hors du commun. Le premier niveau ouvre sur la large salle principale, tout en parois de verre, baies panoramiques et miroirs gigantesques qui reflètent dès l'entrée le ciel, les fleuves et les buildings. On a l'impression de marcher sur les nuages ou dans le vide, laissant un peu chancelants les sujets au vertige ! Le **panorama**★★★ sur tout Manhattan est le plus complet et dégagé donc spectaculaire. En montant au 2e niveau, d'autres espaces permettent plus de vues et mènent dans une salle tout en longueur, la plus instagrammable du moment : des ballons miroirs gonflés à l'hélium évoluent dans toute la pièce et réverbèrent les silhouettes de New York. Au 3e et dernier niveau se trouvent un bar-restaurant, un petit bar en terrasse et enfin l'accès à Ascent, deux ascenseurs extérieurs entièrement transparents pour grimper encore plus haut, à 365 m, le long de la façade.

United Nations Headquarters (ONU) ★★

D5 *Au bord de l'East River, entre 42nd et 48th Sts, entrée pour les visites 46th Street et 1st Avenue - ☏ 212 963*

8687/4440 - www.un.org/visit - visite guidée (1h) : se rens. (arrivez 30mn avant le début de la visite pour les contrôles de sécurité, pièce d'identité obligatoire) - 22 $ (5-12 ans 12 $, interdit aux enfants -5 ans) - réservation en ligne uniquement.
Créée le 24 octobre 1945, l'ONU est une communauté internationale d'États membres dont le but est de maintenir la paix dans le monde. La décision d'en construire le siège à New York a été prise lors de la première Assemblée générale, en 1946. Le territoire affecté au projet, acheté grâce à un don de John D. Rockefeller Jr., bénéficie d'un statut à part, hors de la juridiction américaine.
On pénètre dans l'enceinte par une esplanade ornée de deux sculptures symboliques : *Non-Violence*, le revolver au canon noué (Carl Fredrik Reutersward, 1988), et *Sphere within a Sphere* (Arnaldo Pomodoro, 1996). Sur la droite, le **General Assembly Building** (1952), à la façade incurvée, abrite la salle de l'Assemblée générale, où se réunissent les délégués des pays membres. En retrait, sur le front de rivière, se trouve le **Conference Building**, abritant les salles de réunion. C'est là que se retrouve, entre autres, le Conseil de sécurité, composé de quinze États membres dont cinq seulement sont permanents (États-Unis, Chine, Russie, France et Royaume-Uni). Le bâtiment le plus célèbre est le gratte-ciel de verre gris bleuté qui domine le complexe : le **Secretariat Building** (1950). Il accueille, comme son nom l'indique, les bureaux du secrétaire général et de tous ses services.

S. Greg Panosian/Getty Images Plus
Chrysler Building.

Tudor City ★

D5 Conçu à l'intention des classes moyennes par le promoteur Fred F. French, le complexe avait pour ambition de créer une véritable ville dans la ville, avec ses 3000 appartements, son hôtel, ses boutiques, ses espaces verts. Achevés en 1928, les 12 bâtiments de brique, avec leur décoration faite de pinacles ornés de fleurons, d'un gothique très flamboyant, évoquent le style anglais Tudor.
Fait curieux, les bâtiments côté est ne comportent que peu de fenêtres, car, à l'époque de leur construction, l'actuelle esplanade des Nations unies était une zone industrielle.

De la **Tudor City Place**, sorte d'allée qui enjambe la 42nd Street *(accès par des marches à partir des 42nd et 43rd Streets)*, on découvre une **vue**★ superbe sur les gratte-ciel de cette rue emblématique de New York.

Saint Patrick's Cathedral ★★

CD5 *5th Ave., entre 50th et 51st St. - www.saintpatrickscathedral.org.*
Coincée entre de hauts immeubles, celle qui fut l'une des premières grandes églises néogothiques des États-Unis paraît étrangement petite. Ses tours culminent pourtant à plus de 100 m.
Inspirée par la cathédrale de Cologne, elle fut conçue par l'architecte **Renwick** (*p. 44*) en 1879. Face à l'édifice, devant le Rockefeller Center, se dresse la statue en bronze d'**Atlas** portant le monde sur ses épaules (Lee Lawrie, 1937).

Paley Park ★ et Greenacre Park ★

D4-5 *Quittez la 5th Ave. vers l'est : Paley Park se trouve sur la E 53rd St. entre la 5th Ave. et Madison ; Greenacre Park est situé sur la 51st St. entre les 3rd et 2nd Aves.* Ces *pockets parks* (« parcs de poche ») permettent, un temps, d'échapper au tumulte de Big Apple. Lieu de méditation et de repos, **Greenacre Park** rassemble touristes et travailleurs qui savourent la pause du midi : posé sur les chaises disséminées au milieu des fleurs et des massifs arborés, on se laisse facilement bercer par les chants des oiseaux et le bruit de l'eau qui jaillit d'une cascade artificielle, cernée par des murs de lierre. Plus proche de la 5th Ave., mais dégageant un peu moins de charme que Greenacre Park malgré de nombreuses caractéristiques communes (mur d'eau, tables et chaises, massifs de fleurs), **Paley Park** se distingue surtout par ses fragments du mur de Berlin.

VWpics/hemis.fr
Chrysler Building et Tudor City Place.

Central Park★★★

Où sont donc passés les flots de taxis hurlants, les tags, les escaliers de secours branlants ? Central Park ouvre son immense fenêtre verte, comme une vaste campagne plantée au cœur de la ville. Tout autour, les gratte-ciel semblent presque modestes malgré leurs silhouettes sophistiquées. Sous les grands arbres, la rumeur de la ville s'évanouit, et pourtant, New York est là.

▶**Accès :** les lignes de bus **66**, **72**, **79**, **86**, **96** et **106** traversent Central Park. En métro, arrêtez-vous, sur les lignes **A**, **B**, **C** ou **D**, entre les stations **Columbus Circle** et **Cathedral Parkway**. Ouv. tte l'année (www.centralparknyc.org) 93 km de chemins de promenade. Plans, calendriers et horaires des manifestations disponibles dans les trois centres d'accueil du parc (The Dairy au centre du parc, Dana Discovery Center au nord et Belvedere Castle). Visites thématiques sur la flore, les oiseaux, les animaux crépusculaires.

Plan détachable C-D4, D3, E2.

▶**Conseil :** vous pouvez arriver par le sud et repartir par le nord (ou inversement) en visitant au passage quelques musées du **Museum Mile**★★★ (*p. 72*). Profitez-en aussi pour pique-niquer.

Au 18e s., le nord de Manhattan est occupé par des fermes et par les résidences d'été de quelques fortunés. Avec l'urbanisation, de riches bourgeois décident de vivre à l'année dans leurs manoirs. Or la partie centrale de cette zone n'est alors qu'une étendue de marais nauséabonds, constellés de roches géantes, squattés par les pauvres et les marginaux. C'est grâce à **William Cullen Bryant**, homme de lettres et éditeur du *New York Evening Post*, qu'une vigoureuse campagne de presse est lancée en 1850 en vue de créer un parc comparable aux grands espaces verts européens. Seize ans après le premier coup de pioche, Central Park est achevé (1873). Œuvre des architectes paysagistes **Frederick Olmsted** et **Calvert Vaux** qui voulurent en faire une série de tableaux vivants dédiés à une nature idéalisée, il aura nécessité 20 000 ouvriers, un demi-million d'arbres et 3 millions de m³ de terre, importés par péniche et destinés à combler les marécages et l'espace laissé par la destruction de 300 000 t de roches. Le parc, finalement, aura coûté aux États-Unis le double du prix de rachat de l'Alaska ! Avec ses 341 ha, Central Park est le **poumon vert de New York**. On y vient se reposer de la ville, mais sans vraiment la quitter tant la couronne de gratte-ciel est visible. Sur le plan culturel et festif, c'est un lieu majeur, au cœur de toutes les grandes manifestations. C'est là que les gens se retrouvent, spontanément, quand les choses vont mal, comme après le 11 Septembre, ou dès qu'il faut manifester, contre une guerre ou en faveur d'une cause humanitaire. Après avoir été malfamé jusque dans les années 1980, le parc a retrouvé sa vocation récréative pour les familles, les amoureux de la nature, les sportifs et les touristes. Vingt millions de personnes le fréquentent chaque année.

Wildlife Center (Central Park Zoo)

D4 *64th St. and 5th Ave. - ✆ 212 439 6500 - centralparkzoo.com - ♿ - avr.-nov. : 10h-17h, w.-ends et j. fériés 10h-17h30 ; reste de l'année : 10h-16h30 - 14 $ (3-12 ans 9 $) ; billet combiné avec 4-D Theater et Tisch Children's Zoo 20 $ (3-12 ans 15 $) - réduction en ligne - réserv. obligatoire.*
Section dédiée aux enfants : Tisch Children's Zoo, avec possibilité de nourrir les animaux.

En haut de l'arche d'entrée, la **Delacorte Clock** est une horloge qui rythme l'heure au moyen de figurines animales animées. Plus de 450 animaux sont répartis dans le zoo en fonction de trois grands climats (tempéré, tropical et polaire).

Bethesda Fountain Terrace ★

D3-4 **The Mall**, majestueuse allée ombragée d'ormes gigantesques, est gardé au sud par la statue de Shakespeare. À sa gauche s'étend la prairie de **Sheep Meadow**, où pique-niqueurs et lanceurs de Frisbee ont remplacé les moutons (l'ancienne bergerie, à l'ouest, a été reconvertie en restaurant, la Tavern on the Green). Le Mall mène à la **Bethesda Fountain Terrace★**, élégante esplanade où se réunissaient les hippies à la grande époque de la contre-culture. Considérée comme la pièce maîtresse du parc, cette jolie terrasse en grès ressemble à un patio espagnol avec ses escaliers et sa fontaine centrale ornée d'une statue.

The Lake ★★

D3 La Bethesda Fountain Terrace jouxte le lac de Central Park dont la forme irrégulière est dominée par la colline escarpée du **Ramble**, sillonnée de sentiers fréquentés par les ornithologues amateurs. À l'ouest, le jardin-mémorial des **Strawberry Fields** doit son nom à la chanson de John Lennon, assassiné au pied du Dakota Building, qui jouxte le parc à cet endroit. En contournant le lac par la droite, on arrive à la **Loeb Boathouse**, où l'on peut louer des canots, manger ou boire un verre. Le gracieux pont en métal **Bow Bridge★★** permet de traverser le lac pour se rendre vers sa partie nord.

Jacqueline Kennedy Onassis Reservoir ★

DE3 Plus au nord se trouve le Jacqueline Kennedy Onassis Reservoir, lieu mythique pour les joggeurs (Dustin Hoffman en fait le tour dans *Marathon Man*). En passant, remarquez derrière le Metropolitan Museum l'**aiguille de Cléopâtre**, obélisque dont les hiéroglyphes (traduits) racontent l'histoire de Thoutmosis III (15e s. av. J.-C.). Il fut offert à la ville de New York par le khédive Ismaïl Pacha (transporté aux États-Unis en 1880).

Upper East Side★★★ et Museum Mile★★★

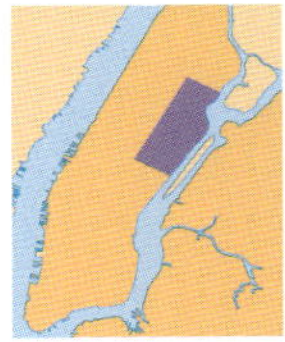

C'est le quartier le plus chic et le plus cher de Manhattan ! La 5th Avenue et les rues perpendiculaires regorgent d'appartements de standing. Devant de magnifiques demeures, les portiers guindés accueillent les élégantes de retour de shopping. Partout, les musées installés dans d'imposants manoirs hérités du Gilded Age proclament la passion de la culture et la générosité des mécènes.

▶**Accès :** en métro, arrêtez-vous aux stations des lignes **4**, **5** et **6** situées entre les **63rd** et **110th Streets**. En bus, lignes **1** à **4**, **66**, **72**, **79**, **86**, **96**, **98**, **101** à **103**.

Plan détachable DE4, DF3, E2.

▶**Conseil :** Pour bénéficier de la gratuité, visitez le Guggenheim le samedi soir et la Frick Collection le jeudi après-midi. Après les musées, finissez par un peu de shopping sur Madison Avenue.

Museum Mile ★★★

On désigne par ce nom la portion de la 5th Avenue qui s'étend le long de Central Park. Les milliardaires y construisirent les plus splendides manoirs de la ville, puis, au début du 20e s., en firent, pour beaucoup, donation à des fondations. C'est ainsi que, sur cette courte section d'avenue, on compte l'une des plus belles concentrations de musées au monde ainsi que les hôtels particuliers les plus huppés de New York – de style Beaux-Arts ou Queen Anne (☞ *p. 159 et 160*) – et des immeubles de prestige précédés d'opulentes marquises.
En partant de **Grand Army Plaza**, dominée par la **fontaine Pulitzer** (1915) et la statue équestre du général Sherman (1903), vous pourrez voir le **General Motors Building**, le **Plaza** (1907) et l'hôtel Pierre, qui accueille toujours le gratin international. Le prestigieux Knickerbocker Club (1870, *n° 810*) est réservé aux descendants des pionniers hollandais. Le **New India House** (1903, *n° 3 de 64th St.*), de style Beaux-Arts, héberge le consulat d'Inde. La **Harkness House** (1900, *75th St.*), sorte de palais italien, est le siège du Commonwealth Fund, une association philanthropique. La James Duke House *(78th St.)*, édifice néoclassique inspiré d'un château bordelais de style Louis XVI, abrite le **New York Institute of Fine Arts**. Les services culturels et de presse du consulat de France sont logés dans l'ancienne résidence Beaux-Arts (1906, *n° 972 de la 5th Ave.*) de Payne Whitney. L'**Ukrainian Institute of America**, un étonnant petit château de style Renaissance française (1897, *79th St.*), s'est installé dans la demeure des Stuyvesant, descendants du

supatpismai-grazioso/Getty Images Plus

La statue du général Sherman à Grand Army Plaza.

premier gouverneur de New York. La **Goethe House** (1957, *n° 1014 entre 82nd et 83rd Sts*) est une demeure Beaux-Arts réservée à la culture allemande.

Temple Emanu-El ★

D4 *1 East 65th St. - 212 744 1400 - www.emanuelnyc.org - se rens.*
Avec une capacité de 2 500 fidèles, cette synagogue (1929) de style romano-mauresco-byzantin est l'une des plus vastes au monde. Sa nef majestueuse est recouverte de mosaïques aux motifs orientaux. Une arche sacrée renferme les rouleaux de la Torah. Un petit **musée** abrite une collection d'objets liturgiques et accueille des expositions temporaires.

The Frick Collection ★★★

D4 *1 East 70th St. - 212 288 0700 - www.frick.org - ♿ - fermée pour rénovation jusqu'en 2023-24, la Frick Collection est installée temporairement au 945 Madison Ave.* *(p. 74).*
Avec son délicat patio, ce délicieux petit musée est idéal pour s'initier à la peinture classique. Magnat de la sidérurgie, le millionnaire **Henry Frick** (1849-1919) demande au cabinet Carrere & Hastings de lui construire un manoir de prestige de style néoclassique à proximité de Central Park (1913). Passionné d'art, il y expose une partie de ses magnifiques collections acquises en Europe, et lègue à sa mort sa demeure et ses œuvres à un conseil

d'administration, qui en fera un musée en 1935. La **Boucher Room** et l'**Anteroom** reconstituent un boudoir du 18e s. orné de tableaux de François Boucher (1752). Le mobilier comprend un bureau plat en acajou de Riesener (18e s.), des porcelaines de Sèvres et un tapis indien (16e s.). Dans l'antichambre se trouve le plus ancien portrait de Hans Memling.
La **Dining Room** est décorée de peintures anglaises : Hogarth, Romney, Reynolds Gainsborough, James Park. Le **West Vestibule** présente *Les Quatre Saisons* de Boucher (1775) ainsi qu'un bureau de Charles Boulle. Onze tableaux de Fragonard *(Les Progrès de l'amour)* sont conservés dans la **Fragonard Room**, accompagnés d'un magnifique mobilier de l'école de Paris, de porcelaines de Sèvres et d'un buste en marbre de la comtesse du Cayla, par Houdon. Le **South Hall** expose trois des trente-sept toiles connues de Vermeer : *L'Officier et la jeune fille riant* (v. 1658), *La Leçon de musique interrompue* (v. 1660) et *La Maîtresse et la servante* (v. 1666). Le **Living Hall** est rempli d'œuvres majeures : *Saint François* de Bellini, l'*Homme à la toque rouge* de Titien, deux portraits de Holbein le Jeune, *Saint Jérôme* du Greco. Quelques beaux petits formats de l'école anglaise sont présentés dans la **Library** (bibliothèque). Dans le **North Hall** se trouvent le célèbre portrait de *La Comtesse d'Haussonville* par Ingres, le *Portail de Valenciennes* par Watteau, un Degas, un Monet et un buste d'Houdon. La plus vaste pièce du musée, la **West Gallery**, décorée de meubles italiens du 16e s., est ornée d'œuvres des écoles de peinture italienne, hollandaise, espagnole, anglaise et française : Bronzino, Véronèse, Van Dyck, Hobbema, Van Ruysdael et Frans Hals, de La Tour, le Greco, Rembrandt, Goya, Vélasquez et Turner. On admire une collection d'émaux peints de l'école de Limoges des 16e et 17e s. ainsi que des Italiens primitifs et de la Renaissance dans l'**Enamel Room**. L'**Oval Room** est l'écrin d'une rarissime réplique en terre cuite de *Diane chasseresse* par Houdon.
L'**East Gallery** réunit des œuvres de grande qualité de Claude le Lorrain, David, Greuze, Goya, Gainsborough, Van Dyck, Van Ruysdael. Dans la **Garden Court**, vous pourrez admirer la *Corrida* de Manet et une marine de Whistler.

Breuer Building / Frick Madison ★★★

D4 *945 Madison Ave. (à l'angle de E 75th St.) - ✆ 212 731 1675 - www.frick.org - ♿ - jeu.-dim. 10h-18h - 22 $ (-17 ans 12 $) ; 10-16 ans obligatoirement accompagnés d'un adulte, interdit aux moins de 10 ans. Le bâtiment accueille provisoirement la Frick Collection (**p. 73**) sous la signature « Frick Madison ».*
Après avoir accueilli le Whitney Museum puis brièvement le fonds d'art contemporain du Met, le massif bâtiment de granit et de béton, réalisé en 1966 par l'architecte hongrois **Marcel Breuer**, accueille une partie de la Frick Collection, le temps des travaux d'extension

du somptueux hôtel particulier. Si l'architecture brutaliste épurée à l'extrême tranche avec le faste néoclassique du palais d'Henry Frick, les œuvres sont davantage mises en valeur dans ce décor abstrait et vide, notamment les pièces de mobilier et d'art décoratif. Marcel Breuer avait conçu ce lieu avec des murs blanc immaculé, de grands espaces ouverts, une configuration adaptée à l'art contemporain, mais beaucoup moins à des œuvres classiques. La muséographie a donc été repensée pour la Frick. Exposé seul dans une salle percée d'une des rares fenêtres du bâtiment, le *Saint François* de Bellini irradie. Les toiles de Fragonard illustrant *Les Progrès de l'Amour* sont présentées de façon inédite dans leur intégralité. Bref, cette mise en lumière hors les murs mérite incontestablement la visite.

Asia Society and Museum ★★

D4 *725 Park Ave. (angle 70th St.) - ✆ 212 288 6400 - asiasociety.org - ♿ - mar.-vend. 11h-17h - 12 $ (-16 ans gratuit).*

Fondé par **John D. Rockefeller III** (1956), cet espace est à la fois un musée et un centre culturel qui explore l'art, la création, mais aussi les rapports entre l'Occident et l'Orient. Les **collections**★★ superbement mises en valeur traitent de l'ensemble du sous-continent indien, de l'Himalaya, de l'Asie du Sud-Est, de la Chine, de la Corée et du Japon. L'**architecture**★ du bâtiment est remarquable, avec son **escalier** en acier et verre bleu reliant les niveaux.

Metropolitan Museum of Art (Met) ★★★

D3 *5th Ave. (face à East 82nd St.) - ✆ 212 535 7710 - www.metmuseum.org - 10h-17h, vend.-sam. 10h-21h - fermé merc. - 30 $ (-12 ans gratuit), billet valable le même jour pour The Met Cloisters (**p. 95**). Comptez 3h minimum pour un petit aperçu.*

Ce musée mythique, l'un des principaux au monde, surgit de la 5th Avenue, encadré de lourdes colonnes et enchâssé dans Central Park. Ses collections gigantesques, soigneusement mises en valeur, s'étendent des antiquités sumériennes à l'art du 20e s. Le musée, qui doit son existence aux nombreux legs et donations de riches mécènes, naquit en 1870. Sa façade Beaux-Arts date de 1902, mais les ailes nord et sud sont de 1911 et 1913. D'autres aménagements ont suivi, tels le pavillon Lehman (1975), l'aile Sackler (1978), la cour Petrie (1990), les salles grecques et romaines (2007) ou des arts d'Océanie.

Antiquités grecques et romaines★★

First floor *(RdC), salles 150-172, et* second floor *(1er étage), salles 173-176.*
Ces salles évoquent les racines de l'art occidental, de la préhistoire grecque à la fin de l'Empire romain. L'histoire de l'art grecque est retracée de la **période géométrique** (8e s. av. J.-C.) à la période **hellénistique** (3e-2e s. av. J.-C.) en passant par les périodes **archaïque** et **classique**. La civilisation romaine n'est pas en reste, avec la reconstitution raffinée d'une chambre ornée de fresques superbes (1er s. av. J.-C.).

Art d'Afrique, des Amériques et d'Océanie★★★

First floor *(RdC), salles 350-359.*
Nelson Rockefeller fit don d'une partie de ces collections en mémoire de son fils Michael, disparu en 1961 dans une expédition en Nouvelle-Guinée.
Art africain – Pour découvrir l'art rituel des grandes tribus d'Afrique. Masques et statues composent le plus gros de la collection.
Art des Amériques – Le mobilier exposé évoque diverses civilisations du Mexique, du Pérou, de Colombie, de l'Équateur… Ne manquez pas le **Jan Mitchell Treasury**, une incroyable série d'or précolombien (du 1er au 16e s.). On reste fasciné par les somptueux couteaux de cérémonie en or et turquoises, les masques funéraires, tel celui de Sícan (Pérou, 10e-11e s.), les timbales en or martelé, les figurines, les bijoux…
Art d'Océanie – Beaucoup plus dépouillées, les statuettes d'Océanie ont sans doute inspiré les silhouettes peintes par Matisse ou Picasso.

Art moderne★★★

First *(salles 900-926) et* second *(salles 917-925)* floors*, mezzanine.* La peinture américaine du 20e s. est représentée par Edward Hopper, Georgia O'Keeffe, Stuart Davis, Charles Sheeler, Arthur Dove, Marsden Hartley, Clyfford Still, Mark Rothko, Franz Kline, Willem De Kooning, Jackson Pollock, Paul Klee et les stars du pop art, Andy Warhol et Roy Lichtenstein. L'art moderne international tourne autour de figures majeures, comme Picasso : *Arlequin* (1901), *L'Acteur* (1904-1905), *Cavalier et nu assis* (1967)… Admirez Matisse et son *Jeune marin* (1906), Balthus et *La Montagne* (1937) ou Giacometti, avec des statuettes et des peintures… On observe les débuts naïfs de Joan Miró, Dubuffet et sa *Rue de Paris et piétons* (1944), ou encore Yves Tanguy, Max Ernst, Dalí, les toiles de Bonnard et de Derain. La terrasse du toit accueille les expositions de sculpture monumentale.

Arts décoratifs et sculpture européenne★★

First floor *(RdC), salles 500-556.*
La période couverte par les **sculptures** va de la Renaissance au début du 20e s. Parmi les joyaux, on retrouve Houdon, Rodin et de nombreux sculpteurs italiens. Belles collections d'**arts décoratifs**. Des reconstitutions de pièces donnent une idée des styles successifs, surtout en Angleterre et en France.

Art médiéval★★★

First floor *(RdC), salles 370-379.* Cet énorme ensemble, disposé autour d'un hall central, rassemble plus de 4000 œuvres d'art, de la chute de l'Empire romain à la Renaissance. On y retrouve les grands courants de l'art médiéval, de Byzance et son influence aux styles flamand, anglais, allemand, italien et français.
Parmi les pièces remarquables, citons les étonnantes boules de rosaire★★ en ivoire ou en bois sculpté de délicates scènes religieuses, les **coffrets en émaux champlevés★★★** (Limoges, 12e-13e s.), l'exceptionnel **retable d'autel★★★** en os et corne racontant les vies de Jésus, de Jean-Baptiste et de l'évangéliste

Jean (Italie du Nord, 1390-1400), ainsi que les retables peints des 15e et 16e s. L'orfèvrerie sacrée compte **reliquaires★★**, **croix de procession★★** et objets de culte.

Collection Robert Lehman★★

First floor *(RdC), salles 702-746.* Les collections de ce financier – mobilier, peintures, sculptures – et de son fils sont mises en scène dans des pièces rappelant celles de la demeure des donateurs : des primitifs italiens, dont une superbe *Nativité* (1409) de Lorenzo Monaco et une *Annonciation* (1485) de Botticelli ; des peintres hollandais, avec une *Annonciation* de Hans Memling ; quelques impressionnistes français, parmi lesquels les *Deux jeunes filles au piano* (1892) de Renoir.

American Wing★★★

First *(salles 700-774) et* second *(703-772)* floors, *mezzanine.* Regroupe les peintres américains nés avant 1876 (excepté le groupe des Huit).

Arts décoratifs américains – Une série de reconstitutions de pièces meublées permet de mesurer l'évolution des styles et des influences européennes tout au long du 19e s. (style William and Mary, style Queen Anne, style Chippendale, mouvement Arts and Crafts).

L'**école de la Prairie**, typiquement américaine, est illustrée par la fameuse maison *Little* (Wayzata, Minnesota,

diegograndi/Getty Images Plus

Le Metropolitan Museum of Art.

1912-1914), dont on peut voir le salon, décoré par Frank Lloyd Wright. Faites une halte à l'**Engelhard Court** pour admirer les vitraux de Tiffany.

Peinture et sculpture – La peinture s'exprime durant la **période coloniale** par des portraits ou des scènes héroïques. De l'**école de l'Hudson**, trois œuvres se détachent : la *Vue du mont Holyoke après un orage* (1835) de Thomas Cole, les *Chasseurs de fourrures descendant le Missouri* (1845) de George C. Bingham et *Vue des montagnes Rocheuses* (1863) d'Albert Bierstadt. Les œuvres des **postimpressionnistes** James Mc Neil Whistler (1834-1903), John Singer-Sargent (1856-1925) avec notamment son célèbre portrait *Madame X* (Virginie Gautreau) et Mary Cassatt (1844-1926) sont de tout premier plan. La **sculpture** est représentée, entre autres, par *Le Montagnard* de Frederic Remington.

Antiquités égyptiennes★★

First floor *(RdC), salles 100-138.* Cette collection est considérée comme l'une des plus riches au monde en dehors d'Égypte. Les objets sont présentés chronologiquement, de l'époque prédynastique (à partir de 5 000 av. J.-C.) jusqu'à la fin des dynasties égyptiennes et de l'époque antique (700 apr. J.-C.). Notez la **chapelle de la tombe de Perneb★** (2450 av. J.-C.), la chaise de Renyseneb★★ (1450 av. J.-C.) et des cercueils parmi lesquels le **sarcophage d'Harkhebi★**. Pour la période plus récente, le **temple de Dendur★** (env. 15 av. J.-C.), dédié à la déesse Isis, fut sauvé lors de la mise en eau du barrage d'Assouan, et offert aux États-Unis en 1965.

Antiquités du Proche-Orient

Second floor *(1er étage), salles 400-406).* Cette section couvre une vaste zone, de la Turquie à l'Afghanistan en passant par les montagnes du Caucase au nord de la péninsule arabe. Les antiquités datent de 8 000 av. J.-C. à 651 apr. J.-C.

Art islamique★★

Second floor *(1er étage), salles 450-464.* Il commence au début de la fondation de l'islam, au 7e s., et continue jusqu'au 19e s. De belles calligraphies jouxtent de merveilleuses miniatures, des céramiques, des mosaïques, des bijoux, des textiles et des tapis.

Peinture et sculpture européennes au 19e s..★★★

Second floor *(1er étage), salles 800-830.* Aucun musée au monde ne concentre une telle profusion d'artistes majeurs et d'œuvres universellement connues !

L'**impressionnisme** reste l'un des courants les mieux représentés avec Renoir, Monet, Manet, Corot et Degas. Les œuvres de **Degas** traitent ses sujets favoris : femmes à la toilette, danseuses, chevaux. Parmi les toiles **postimpressionnistes**, retenons, de Van Gogh, *Cyprès* (1890) et *La Berceuse* (1888-1889) ; de Seurat, la subtile *Parade (Circus Sideshow*, 1888) ; de Paul Cézanne, *Les Baigneuses* (1874-1875), *Les Joueurs de cartes* (1890), et de Courbet, *La Femme au perroquet* (1866).

Peinture européenne★★★

Second floor *(1er étage), salles 600-644.* Regroupe les écoles européennes, du Moyen Âge au 18e s. Parmi les chefs-d'œuvre des **écoles italiennes**, cherchez *L'Épiphanie* (1320) de Giotto, le *Portrait d'une femme et d'un homme à la fenêtre* (1440) de Filippo Lippi ou *La Dernière communion de saint Jérôme* (1490) du Florentin Botticelli. À voir aussi, *Les Musiciens* (1595) du Caravage et les tableaux de Raphaël, de Titien, de Tiepolo… L'**école espagnole** est représentée par des peintures saisissantes, comme la *Vue de Tolède* (1595) du Greco, ou le portrait de *Manuel Osorio Manrique de Zuñiga* (1790) de Goya. Des **écoles du Nord**, citons les portraits de Hans Memling, le *Jugement dernier* (1425) de Jan Van Eyck ou encore la merveilleuse *Jeune femme à l'aiguière* (1662) de Vermeer. L'**école française** rassemble *La Diseuse de bonne aventure* (1630) de Georges de La Tour, *L'Enlèvement des Sabines* (1633-1634) de Poussin ou le *Mezzetin* (1718-1720) de Watteau.

Arts asiatiques★★★

Second *et* third floors *(1er et 2e étages), salles 200-253.*

Art chinois – Outre la reconstitution d'une cour de la dynastie Ming, le musée présente une belle variété d'art funéraire, de céramiques, d'objets en bronze et de **peintures★★** chinoises, couvrant une large période depuis le néolithique (3e millénaire av. J.-C.) jusqu'à nos jours. Une partie est dévolue au Tibet.

Art coréen – Il se distingue par ses vases et ustensiles en **céramique★★** ou en bronze, ses poteries préhistoriques, et ses beaux **coffrets★** incrustés et laqués.

Art japonais – Vous verrez une série de **paravents★**, des panneaux peints, des **estampes★★** des 18e-19e s., des coffrets raffinés et une collection de ***netsukes*★**.

Asie du Sud-Est – Ces salles présentent tout le panthéon des divinités hindoues, notamment des sculptures khmères.

Neue Galerie ★

E3 *1048 5th Ave. (entre 82nd et 83rd Sts) - ✆ 212 628 6200 - www.neuegalerie.org - ♿ - tlj sf mar.-merc. 11h-18h - 25 $ - interdit aux moins de 12 ans, 12-16 ans accompagnés par un adulte. Comptez 1h.*

Cet hôtel Beaux-Arts de la famille Vanderbilt abrite depuis 2001 les collections d'art allemand et autrichien de l'industriel des cosmétiques **Ronald Lauder** et du marchand d'art **Serge Sabarsky** : œuvres d'Egon Schiele, **Gustav Klimt** (dont le précieux *Portrait d'Adele Bloch-Bauer*, 1907), Oskar Kokoschka, Vassily Kandinsky, Paul Klee, George Grosz ; meubles et pièces d'art décoratif de l'école Wiener Werkstätte.

Solomon R. Guggenheim Museum ★★

E3 *1071 5th Ave. - ✆ 212 423 3500 - www.guggenheim.org - ♿ - 11h-18h, sam. 11h-20h - 25 $ (-12 ans gratuit).*

La fondation Guggenheim, créée en 1937 par **Solomon R. Guggenheim**, est un conservatoire d'art contemporain et un modèle d'architecture moderne. L'édifice (1956) conçu par **Frank**

Vue depuis Central Park Street.

NYPD
SECURITY
CAMERA
SCHOOL BUS
3649

Lloyd Wright, qualifié par certains de machine à laver, adopte la forme d'une spirale évasée. Dès l'entrée, on est frappé par la fameuse rampe hélicoïdale★★ de 400 m et la verrière. La **Kandinsky Gallery**★★★ expose une sélection parmi les quelque 200 œuvres de l'artiste que compte le fonds permanent, l'un des plus importants au monde. La **collection Thannhauser** – 75 tableaux impressionnistes et postimpressionnistes – rassemble des toiles de premier plan, entre autres *La Repasseuse* de Picasso ou *Dans la vanillière* de Gauguin. Le reste du musée présente par roulement de nombreux artistes du 20e s. dont Brancusi, Calder, Marc Chagall, Paul Klee, Robert Delaunay, Joan Miró... Le musée, enrichi par les œuvres Dada et surréalistes données par Peggy Guggenheim, conserve 6 000 œuvres.

Cooper-Hewitt Design Museum ★★

E3 *2 East 91st St. (angle 5th Ave.) - ✆ 212 849 8400 - www.cooperhewitt.org - ♿ - 10h-18h - 18 $. Comptez 1h à 1h30.*

Cet imposant hôtel particulier de 63 pièces (1902) appartenait au millionnaire de l'acier **Andrew Carnegie**. Le Cooper-Hewitt Design Museum, fondé dès 1897 dans le cadre de la Cooper Union, y emménagea en 1976. C'est le seul musée américain exclusivement consacré aux **arts décoratifs**, mettant en avant le **design** à travers les cultures, les époques et les continents. Après trois ans de travaux, le musée a rouvert en 2015 avec un espace d'exposition agrandi et un **concept novateur** : à l'entrée, un stylo interactif est prêté au visiteur qui devient un véritable designer, pouvant ainsi interagir sur une quinzaine d'écrans répartis dans le musée et naviguer à travers les objets de la collection, y compris ceux qui ne sont pas exposés dans les galeries. De retour chez soi, le visiteur conquis peut, en accédant au site du musée et en créant son espace personnel, revivre sa déambulation. N'oubliez pas, en sortant, de parcourir les jardins, qui donnent une idée de la manière dont vivait la *gentry* new-yorkaise de la Belle Époque (le fameux *Gilded Age*).

Jewish Museum ★

E3 *1109 5th Ave. (angle 92nd St.) - ✆ 212 423 3200 - thejewishmuseum.org - 11h-18h, vend. 11h-16h, jeu. 11h-20h - fermé mar.-merc. - 18 $ (-18 ans gratuit). Comptez 30mn.*

Fondé en 1904 dans un bel édifice de style néogothique français par un riche banquier, **Felix Warburg**, ce musée raconte 4 000 ans d'histoire juive à travers quelque 28 000 objets dont une arche de la Torah du 12e s., de magnifiques reliures, des textiles, d'anciens vases rituels...

Museum of the City of New York ★★

E2 *Angle 5th Ave. et 103rd St. - ✆ 212 534 1672 - www.mcny.org - 10h-19h, vend.-lun. 10h-17h - 20 $ (-19 ans gratuit). Comptez 1h30 à 2h.*

Cet hôtel néo-georgien retrace l'histoire, le développement spectaculaire et les événements clés de la ville à travers plusieurs expositions, permanentes et temporaires, mettant en scène de façon très vivante photos, films, objets de la vie quotidienne, maquettes... L'histoire maritime et portuaire, les premiers gratte-ciel, les différentes vagues d'immigration, les mouvements sociaux des années 1960, les attentats de 2001 sont évoqués. Exposée par intermittence seulement, la merveilleuse **maison de poupée**★★ (Stettheimer Dollhouse) ravira les amateurs du genre. Un des tableaux miniatures qui décorent ses murs a été peint par Marcel Duchamp.

El Museo del Barrio ★

E2 *1230 5th Ave. (près de 104th St.) - ✆ 212 831 7272 - www.elmuseo.org - jeu.-dim. 11h-17h - 9 $ (-12 ans gratuit) - réserv. en ligne conseillée.*
Ce musée, créé en 1969 à la limite du quartier hispanique de Harlem, **El Barrio**, se consacre à la culture latino-américaine et caribéenne. Il encourage la créativité de cette communauté en mettant en avant le travail de jeunes artistes lors d'expositions temporaires. Ses collections précolombiennes et contemporaines sont rarement présentées au public.

Gracie Mansion ★

F3 *East End Ave. (face à 89th St.) - www.graciemansion.org - lun. et merc. 10h30-15h - se rens.*
Ce ravissant manoir (1799), résidence officielle du maire de New York, est un parfait exemple de style fédéral, avec ses galeries couvertes et ses volets verts.

Bridgemarket ★

D-E4 *East 59th St., près du Queensboro Bridge.* Jusque dans les années 1930, des stands d'alimentation se tenaient sous les arcades de Bridgemarket qui servit ensuite d'entrepôt. Restauré, il abrite brasseries et magasins, dont le plus beau supermarché bio Trader Joe's de tout New York.

Roosevelt Island Tramway ★

D4 *2nd Ave. (entre 59th et 60th St.) - rioc.ny.gov - 6h-2h, vend.-sam. 6h-3h30 - ttes les 15mn (7mn aux heures de pointe 7h-10h et 15h-20h lun.-vend.). Fonctionne avec la MetroCard.*
Parallèle au Queensboro Bridge, ce téléphérique offre une vision inattendue de la ville. La traversée ne dure que quelques minutes, mais l'appareil s'élève rapidement au-dessus du rivage, donnant une belle vue de Manhattan (surtout à la nuit tombée). En un quart d'heure de marche, on atteint la pointe sud de la petite île et le mémorial en granit dédié à Franklin Roosevelt, le **Four Freedoms Park** dessiné par l'architecte brutaliste Louis Kahn en 1970 mais construit 40 ans après. Le minimalisme du monument et le panorama embrassant les tours iconiques de Midtown et Long Island City en face, en font un lieu magique à la tombée du jour.

Upper West Side★★ et Morningside Heights★★

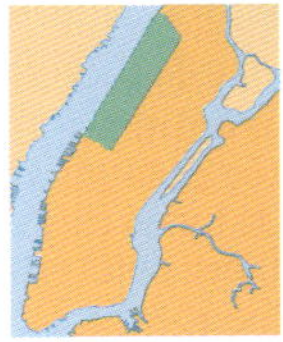

Moins chic que l'Upper East Side, ce quartier reste un bastion de l'élite intellectuelle. Du Lincoln Center et ses prestigieux concerts à l'université de Columbia, c'est la société bourgeoise qui s'est installée là, plus libérale que sa rivale à l'est de Central Park, ainsi que le gratin artistique et littéraire qui refait le monde au son du jazz, de l'opéra ou de musiques exotiques. Les avenues y sont bordées de librairies et de belles terrasses de cafés. Du jeudi et dimanche, déambulez dans les « farmer's markets » du quartier et mêlez-vous aux New-Yorkais venus faire leur marché.

▶**Accès :** en métro, stations situées entre **Columbus Circle** et **Cathedral Parkway**, sur les lignes **1 à 3** et **A**, **B**, **C**. En bus, lignes **7**, **10**, **11**, **79**, **86**, **96**.

Plan détachable C3-4, D1-2-3.

▶**Conseil :** commencez par Columbus Circle, continuez à pied jusqu'à l'American Museum of Natural History, puis prenez le bus jusqu'à Columbia. Réservez à l'avance si vous voulez assister à un concert au Lincoln Center.

Upper West Side ★★

À la différence du reste de la ville, l'Upper West Side fut bâti du nord – sur l'emplacement de Nieuw Haarlem, fondé au 17e s., à hauteur de l'actuelle 125th St. – vers le sud. Mais c'est l'arrivée de la ligne aérienne de chemin de fer qui signa son développement. La création de Columbia University (1897) en fit un pôle d'attraction pour l'élite intellectuelle, les écrivains, les musiciens et la bourgeoisie juive.

Columbus Circle

C4 À l'angle sud-ouest de Central Park, le carrefour de Columbus Circle, dominé par la statue de Christophe Colomb (1894), marque le début de l'Upper West Side. À l'entrée du parc, le **Maine Monument** (1913) rend hommage aux 260 marins du cuirassé *Maine* détruit dans le port de La Havane en 1898. Le bar de l'hôtel Mandarin Oriental, entièrement vitré, offre une vue superbe sur la ville.

Museum of Arts and Design ★

C4 *2 Columbus Circle (face à Central Park) - ✆ 212 299 7777 - madmuseum.org - 10h-18h - fermé lun. - 18 $ (-18 ans gratuit).*

Le MAD présente, dans quatre galeries, une foule d'objets superbes au design élégant ou singulier, d'une sublime sobriété ou aux volutes tarabiscotées. On y trouve du verre, de la céramique, des éléments de décoration intérieure, des œuvres d'art contemporain, mais aussi de la mode, des bijoux et des peintures, autant d'objets dont les formes et les matériaux (papier, plastique, bois, gypse et même cendre) fascinent et déroutent. Au 6e étage, trois ateliers d'artistes sont ouverts au public.

Au 9e étage, le restaurant Robert, très design, est notamment réputé pour la vue qu'il offre sur Central Park.

Time Warner Center

C4 Le sud-ouest de Columbus Circle est occupé par cet imposant immeuble à la façade concave. La base abrite un centre commercial et un club de jazz réputé, **Jazz at Lincoln Center**, et se partage ensuite en deux tours de verre de 80 étages, dont une partie est occupée par les bureaux de la Time Warner.

Lincoln Center ★

C4 *Broadway, entre 62nd et 66th Sts - ✆ 212 875 5456 - www.lincolncenter.org.*

Cet énorme complexe culturel héberge douze des plus prestigieuses formations artistiques new-yorkaises. L'ensemble compte cinq salles, une bibliothèque et des espaces de spectacle. L'idée de concentrer toute cette richesse en un seul lieu remonte à 1955. Pour construire le Lincoln Center, il fallut raser 188 bâtiments de ce quartier insalubre, qui devait servir de cadre au film *West Side Story*. John D. Rockefeller III présida le comité de construction. La plaza centrale devance l'Opéra où sont présentés les spectacles du **Metropolitan Opera**. Sur la droite, le **David Geffen Hall** abrite le New York Philharmonic, qui travaillait auparavant au Carnegie Hall. Sur la gauche, c'est dans le **David H. Koch Theater** qu'est domicilié le New York City Ballet. De l'autre côté de la 65th Street se trouve la Juilliard School.

American Folk Art Museum ★★

C4 *2 Lincoln Square, Columbus Ave. (entre 65th et 66th Sts) - ✆ 212 595 9533 - www.folkartmuseum.org - mar.-dim. 11h30-18h - gratuit.*

Un musée confidentiel consacré à l'art populaire depuis le 18e s. Aux objets utilitaires de l'époque coloniale ou des vagues d'immigration s'ajoutent du mobilier, des œuvres textiles dont de spectaculaires *quilts* (patchworks) des girouettes, oiseaux leurres et encore des peintures naïves et des œuvres de l'*Outsider Art*, proche de l'art brut.

Dakota Building

D3 *1 West 72nd St.* C'est devant l'entrée des Dakota Apartments que **John Lennon** fut assassiné en 1980. Auparavant, ce bel immeuble néogothique avait servi de cadre au film *Rosemary's Baby* de Roman Polanski. Lauren Bacall et Judy Garland y vécurent.

New York Historical Society ★★

D3 *170 Central Park West (angle 77th St.) - ✆ 212 873 3400 -*

www.nyhistory.org - mar.-dim. 11h-17h (vend. 20h) - 22 $ (-13 ans 6 $). Comptez 1h.
Fondée en 1804 pour préserver l'histoire de la ville, cette institution rassemble une bibliothèque et un musée éclectique, conservant une belle série de peintures de l'**école de l'Hudson**, plus de 400 aquarelles de **John J. Audubon** (notamment une série préparatoire pour ses fameux oiseaux d'Amérique) et une éblouissante galerie d'une centaine de lampes **Tiffany** éclairées. Les expositions temporaires utilisent les collections selon des thèmes précis en rapport avec la ville et son évolution sociale. La New York Historical Society accueillera d'ailleurs prochainement le **LGBTQ+ Museum** *(americanlgbtqmuseum.org)*.

American Museum of Natural History ★★★

D3 *Central Park West (entre 77th et 81st Sts) - ✆ 212 769 5100 - www.amnh.org - ♿ - 10h-17h30 - 28 $ (-12 ans 16 $). Comptez 1/2 j. mini.*
Immense, spectaculaire, ce **musée d'Histoire naturelle** est, tout comme sa bibliothèque scientifique, l'un des plus grands du monde. Son centre de recherche en biologie, anthropologie et astrophysique jouit également d'une réputation prestigieuse. Commencé en 1874, le monument hétéroclite ne fut achevé que dans les années 1930. Inauguré en mai 2023, le **Gilder Center**, spectaculaire aile en forme de canyon, permet d'explorer un vivarium de papillons, un insectarium ainsi qu'un nouvel espace d'expositions interactives et immersives comme *Invisible worlds* soulignant poétiquement l'interconnexion de la vie sur Terre.
Autre remarquable extension, le **Rose Center for Earth and Space★★** (Centre pour la Terre et l'espace) est un étonnant cube de verre (2000). Mais ce sont surtout les anthropologues du musée qui font la valeur de l'institution, par leurs diverses explorations à la fin du 19e s. et au début du 20e s., et par leurs travaux. Le **Theodore Roosevelt Memorial Hall★★** présente la reconstitution, haute de 16,80 m, d'un squelette de barosaure. La **salle de la biodiversité** (*RdC*) évoque les enjeux biologiques actuels. De là, on visite la **salle de la vie sous-marine**, puis on passe à une série de salles sur l'**environnement de l'Amérique du Nord** et celui, plus spécifique, de l'État de New York. Dans la salle des **Indiens de la côte Nord-Ouest**, on admire un immense canoë en cèdre et des collections d'artisanat amérindien et inuit, ainsi que des mâts totémiques. En revenant vers le hall d'accueil, on termine par les mammifères d'Amérique du Nord. L'arrière de l'étage, au-delà de la salle de la biologie et de l'évolution, est plus particulièrement consacré à la géologie, avec une **salle des météorites** (pièce majeure, un bloc de 34 t, fragment de météorite trouvé au Groenland en 1895) et un **hall des minéraux et pierres précieuses** (quelque 4 000 spécimens dont l'*Étoile de l'Inde*, le plus gros saphir du monde, 563 carats).
Le 1er étage se divise en quatre grands axes : **les peuples et la faune**

Une rue de l'Upper West Side.

Zeiss4Me/Getty Images Plus

Columbia University.

d'Afrique, les **peuples d'Asie**, les **peuples d'Amérique latine**, et les **oiseaux**. Pour chaque continent, des dioramas replacent les animaux et les hommes dans leur cadre d'origine. Plus de 60 000 objets reproduisent le quotidien de dizaines de peuplade Les **oiseaux** des mers du Sud ou du monde en général sont magnifiquement naturalisés.

Le 2e étage regroupe des salles consacrées à l'ethnologie, en particulier aux **Amérindiens des forêts de l'Est et des Plaines**, avec reconstitution de leurs huttes. Un peu à l'écart, ponctuée de pièces de très grande qualité, la belle **salle des peuples du Pacifique**, dédiée à Margaret Mead, dégage une ambiance à la fois lumineuse et feutrée, propice à la méditation. Côté faune, on retrouve des reptiles, des primates et des oiseaux d'Amérique du Nord.

Le 3e étage compte six superbes **salles des fossiles**. On découvre les premiers vertébrés, des dinosaures (dont un *Tyrannosaurus rex*) ainsi que des mammifères et leurs ancêtres (mammouths, mégathériums).

Rose Center for Earth and Space★★ – *Space Show de 10h30 à 16h30 ttes les 30mn.* La présentation scientifique du cosmos repose ici sur l'utilisation des techniques audiovisuelles les plus performantes. Le **Space Theater** (dans le Hayden Planetarium) vaut à lui seul le détour pour son **Star Show**, une présentation en 3D d'une balade dans l'espace, mise au point avec la Nasa. Au pied de la sphère, **Scales of the Universe** est une exposition longue de 120 m illustrant l'histoire de notre univers. Une courte présentation permet de se figurer le big bang. Le **Hall of Planet Earth** présente plus spécifiquement l'histoire de notre planète et de son évolution géologique et climatique. Enfin, le **Hall of the Universe** retransmet des images du télescope *Hubble*.

Cathedral Church of Saint John The Divine ★★

D2 *1047 Amsterdam Ave. (face à 112nd St.) - www.stjohndivine.org - 9h30-17h, dim. 12h-17h - 10 $.*
Construite pour l'Église épiscopalienne (1892), elle peut accueillir jusqu'à 3 000 fidèles. Devenue une sorte de centre culturel, elle sert de cadre à des spectacles. La façade occidentale, flanquée de deux tours inachevées, est centrée sur le **portail du Paradis** dont les portes en bronze ont été réalisées par le fondeur parisien qui travailla à la statue de la Liberté. L'immense nef est rythmée de 14 baies. Derrière le chœur, les chapelles rayonnantes sont dédiées aux sept groupes ethniques immigrés aux États-Unis. Celle de Saint Columba contient un triptyque en bronze et or blanc de **Keith Haring** (1989).

Columbia University ★★

D1 *De 114th à 120th St. - entrée principale sur Broadway, à la 116th St. - www.columbia.edu - Visitor Center (✆ 212 854 4900) dans la Low Memorial Library : tlj sf w.-end 9h-17h - application disponible sur le site Internet à télécharger pour une visite en toute autonomie. Les visiteurs sont autorisés à se promener librement sur le campus et dans la Low Memorial Library (accès aux autres bâtiments uniquement avec un guide) - visite guidée : se rens. pour les horaires.*
Fondée en 1754 par les Anglais sous le nom de King's College, elle fut rebaptisée Columbia College après la Révolution américaine. C'est une université privée, l'une des plus prestigieuses du pays, membre de la fameuse **Ivy League**, groupe de huit universités très sélectives de la côte Est. Elle est réputée pour ses départements scientifiques (anthropologie, génétique, biotechnologies), de droit et de business. Depuis 1902, elle accueille une école de journalisme financée par le patron de presse Joseph **Pulitzer**. Désormais, c'est elle qui décerne chaque année le prestigieux prix

Roy and Diana Vagelos Education Center

En 2016, sur Haven Ave., au croisement de la W 171st St., a été inauguré ce **centre d'éducation** dédié à la médecine, extension de Columbia. Pensé par l'agence Diller Scofidio + Renfro (responsable de la fameuse High Line, *p. 48*), le bâtiment de quatorze niveaux présente une structure originale mêlant acier et béton au sein de laquelle les salles d'études se combinent à un réseau de circulations verticales.

du même nom. Parmi ses étudiants célèbres, on recense 37 Prix Nobel, les présidents Roosevelt et Eisenhower, Madeleine Albright, Boutros Boutros-Ghali, des figures de l'économie comme Alan Greenspan ou Milton Friedman, et des écrivains tels Jack Kerouac, Allen Ginsberg, Federico García Lorca, J.D. Salinger, Isaac Asimov ou Paul Auster. Columbia University compte aujourd'hui près de 24 000 étudiants. Les visiteurs sont autorisés à se promener librement sur le campus. Les principaux bâtiments se répartissent autour d'une vaste plaza. Au nord, la **Low Memorial Library★** (1895) rappelle le Panthéon de Rome. Son escalier extérieur est dominé par une statue de la déesse Minerve. À l'intérieur, admirez la rotonde et le décor de style Beaux-Arts. L'**Earl Hall** en brique (1902), coiffé d'une coupole, se reconnaît à son fronton et à ses colonnes néoclassiques. Il abrite les services sociaux et les confessions religieuses présentes sur le campus. **St Paul's Chapel** est une église en brique, de style Renaissance italienne, qui accueille désormais des concerts. Au sous-sol, le **Postcrypt Coffehouse** résonna dans les années 1960 des poèmes de Jack Kerouac et des chansons de Bob Dylan. Sur le côté sud de la chapelle, le **Buell Hall** (1878) est tout ce qui reste de l'asile psychiatrique qui occupait le site avant l'université. La **Maison française**, centre culturel français de l'université, est installée à l'étage supérieur. À l'arrière, une reproduction en bronze du *Penseur* de Rodin marque l'entrée du bâtiment de philosophie et de français. La **Butler Library** (1934) abrite la bibliothèque du campus, l'une des plus importantes du pays : y sont regroupés plus de 2 millions des 9,2 millions de volumes de l'université.

Riverside Drive and Park ★★

D1-2/C2-3 Le parc s'étend en front de rivière, le long de l'avenue **Riverside Drive**, depuis la 72nd jusqu'à la 155th St. La partie la plus agréable est située au sud de la 100th St., avec notamment le **Jardin anglais** (91st St.).

Riverside Church ★★

D1 *Riverside Dr. et 120th St.*
Cette imposante église néogothique, avec son clocher de 120 m, fut partiellement financée par John D. Rockefeller. Son portail ouest s'inspire de celui de la cathédrale de Chartres. À l'intérieur : deux vitraux du 16e s. provenant de la cathédrale de Bruges et un carillon de 74 cloches.

General Grant National Memorial ★

D1 *Riverside Dr. (en face de l'église, à hauteur de la 122nd St.) - ☏ 212 666 1640 - www.nps.gov/gegr - 9h-17h - fermé lun.-mar. - gratuit - en partie fermé, seule l'esplanade est accessible, se rens.*
Ce monument (1896) est dédié à **Ulysses S. Grant**, président des États-Unis de 1869 à 1877. Un vaste dôme couvre la crypte dans laquelle des niches conservent les bustes des camarades d'armes de Grant. Des photographies disposées dans deux petites salles retracent sa vie.

Harlem★ et le Bronx★

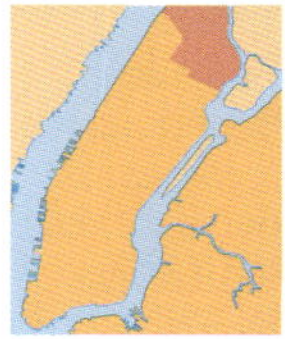

Oubliés l'image idéalisée d'un berceau du jazz et le spectre d'un ghetto violent et malfamé : le Harlem d'aujourd'hui est sorti des clichés qui l'ont stigmatisé pendant des décennies. S'il reste la capitale culturelle de l'Amérique noire, son paysage urbain change à toute vitesse. Les pouvoirs publics ont rénové et la bourgeoisie noire et blanche, libérée des préjugés raciaux, s'y est installée en harmonie, chassant peu à peu les plus déshérités.

▶**Accès :** en métro, stations **125th** et **135th Streets** sur les lignes **A**, **B**, **C**, **D**, **2** et **3**. En bus, lignes **1** et **10**.

Plan détachable F1, E1-2.

▶**Conseil :** sauf si vous allez à une messe gospel un dimanche (venez tôt car les places sont limitées), les jours de semaine sont plus vivants. Prévoyez une soirée dans un club de jazz. Le soir (uniquement), si vous êtes seul ou en couple, rentrez éventuellement en taxi. *« Nos adresses/Sortir à Harlem », p. 128.*

HARLEM

Après la fondation, en 1658, du premier village hollandais (au sud du Harlem actuel), les environs sont restés ruraux jusqu'à l'arrivée du chemin de fer en 1837 puis des lignes aériennes de métro. À la fin du 19e s., Harlem devint un quartier à la mode et les promoteurs construisirent tellement qu'ils ne trouvèrent pas de locataires. Ils louèrent donc à la classe moyenne noire, si bien que, dans les années 1920, on comptait déjà environ 60 000 Noirs à Harlem. Racisme aidant, les Blancs partirent peu à peu. L'éclosion de la culture **jazz** et la Prohibition firent des clubs animés de Harlem le rendez-vous de toute une population d'intellectuels, d'artistes et de fêtards. Les bars à la mode, réservés aux Blancs, vibraient aux accents du blues et du jazz noirs. Ce fut la grande époque de Harlem avec l'émergence d'une identité afro-américaine. La fin de la Prohibition et la **Grande Dépression** sonnèrent le glas de cette effervescence. La scène du jazz émigra vers Greenwich Village, tandis que le chômage chassait la classe bourgeoise et abandonnait le quartier aux plus défavorisés. La dégradation de l'habitat et l'extrême pauvreté donnèrent à Harlem une sinistre réputation de coupe-gorge. Dans les années 1960, l'éveil de la conscience politique noire ramena Harlem dans la lumière, notamment avec les harangues de **Malcolm X** au Black Muslim Temple of Islam (il fut assassiné en 1965, sur la 166th St.). Harlem offrit à New York son premier (et unique) maire noir, David Dinkins.

Le quartier est lentement réhabilité. Boutiques et appartements se reconstruisent. Même si l'identité demeure vivante, la population noire, qui n'a plus les moyens de payer les loyers, émigre en masse hors de New York. Comme bien d'autres quartiers, Harlem se gentrifie et s'uniformise.

Studio Museum in Harlem ★

E1 *144 West 125th St. - ✆ 212 864 4500 - www.studiomuseum.org - temporairement fermé, réouverture prochaine.* Depuis 1968, ce musée, se consacre à l'art afro-américain et aux artistes locaux, du *folk art* aux vidéos et aux installations plus conceptuelles. Son nouvel écrin, signé David Adjaye, l'architecte du prestigieux Smithsonian National Museum of African American History and Culture de Washington DC, s'inspire des *brownstones* et des églises de Harlem.

Marcus Garvey Park ★

F1-2 En descendant vers le sud, entre les West 124th et 119th Sts, vous longerez ce joli parc escarpé. Côté ouest, vous verrez une rangée de *brownstones* *(p. 159)* bien rénovées, permettant d'imaginer le Harlem bourgeois de la fin du 19e s.

Apollo Theater ★

E1 *253 West 125th St. (entre Frederick Douglass et Adam Clayton Powell Blvds) - www.apollotheater.org.* En 1914, ce monument de l'histoire du jazz était interdit aux Noirs. En 1934, il prit son nom actuel, devint le temple de la musique black et accueillit Louis Armstrong, Aretha Franklin, Ray Charles, James Brown et même les Jackson Five. L'Amateur Night du mercredi a révélé d'immenses talents. Depuis plusieurs années, l'Apollo est redevenu l'une des scènes les plus courues de New York. L'emblématique théâtre s'agrandit avec le théâtre Victoria qui comptera 2 salles modulables (*ouverture courant 2023*).

Schomburg Center for Research in Black Culture ★

F1 *515 Malcolm X Blvd (près de West 135th St.) - ✆ 212 491 2200 - www.nypl.org/locations/schomburg - ♿ - tlj sf dim. 10h-18h - gratuit.*
Le Portoricain **Arthur Schomburg** (1874-1938) montra à travers de nombreux documents que les Noirs américains avaient une histoire, un héritage et une identité. Ce centre cumule plus de 5 millions de documents illustrant cette culture.

Strivers Row

F1 *West 138th et 139th Sts.* Ces belles *brownstones* où s'était installée la bourgeoisie noire montante dans les années 1920 abritent des demeures de styles georgien et néo-Renaissance réhabilitées peu à peu.

Morris-Jumel Mansion

Hors plan (par E1) *Angle West 160th St. et Edgecombe Ave. - ✆ 212 923 8008 - morrisjumel.org - parc : 10h-17h ; manoir : jeu. 12h-16h, vend.-dim. 11h-16h - 10 $.*
Ce manoir (1765) est le dernier témoin de la période prérévolutionnaire.

MicheleVacchiano/Getty Images Plus

Harlem, entre le boulevard Frederick Douglass et West 125th Street.

Il abrita, durant la guerre d'Indépendance (1776), le quartier général de **George Washington**. De style fédéral, il fut acheté par les **Jumel**, de riches négociants français.

Hispanic Society Museum and Library ★

Hors plan (par E1) *613 W 155th St. - ✆ 212 926 2234 - hispanicsociety.org - 12h-18h - fermé lun.-merc. - gratuit.*
Installé dans un bel édifice de style néoclassique, ce petit musée enfin rouvert offre un fascinant panorama de la civilisation hispanique depuis l'époque préromaine et abrite une épatante collection de toiles de maîtres. Au rez-de-chaussée du patio, la galerie présente une importante sélection d'objets traditionnels et rituels, d'argenterie, d'outils préhistoriques, de gisants Renaissance et de tissus brochés. Ne manquez pas à droite la salle consacrée à **Joaquín Sorolla y Bastida** (1863-1923), connu pour ses tableaux colorés et sa maîtrise de la lumière : 14 monumentales peintures réalisées entre 1911 et 1919 illustrent coutumes et traditions espagnoles. La **galerie supérieure** expose quant à elle une riche collection de céramiques, poteries et bijoux et surtout de nombreux **portraits** réalisés par Le Greco, Morales, Ribera, Vélasquez et Goya. Une visite d'autant plus agréable que le musée est confidentiel et peu fréquenté…

BRONX ★

Hors plan (par G1) Seul *borough* de New York à ne pas être sur une île, le Bronx, pour un New-Yorkais, c'est d'abord la terre des Yankees, club de base-ball mythique. C'est aussi un district très vert : près du quart de son territoire est occupé par des parcs, tel le **Bronx Park★★** de plus de 100 ha. Ce *borough* est celui qui a le plus souffert de l'immigration pauvre, y gagnant la réputation de quartier dur et dangereux. Aujourd'hui, le Bronx évolue progressivement. À South Bronx, juste après avoir passé Harlem, le quartier de Mott Haven voit fleurir des coffee-shops et restaurants à la mode. Le long de la rivière, le projet de transformation de Bronx Point annonce la revitalisation du quartier avec l'aménagement des quais, l'ouverture du Universal Hip-Hop Museum et le lancement du Bronx Terminal Market *(bronxterminalmarket.com)*.

New York Botanical Garden ★★

2900 Southern Blvd - ✆ 718 817 8700 - www.nybg.org - 10h-17h - 35 $ (2-12 ans 15 $).

C'est en fait une cinquantaine de jardins à thème qui raviront les botanistes en herbe : les spectaculaires **roseraies** *(en juin)*, les ravissantes serres victoriennes de l'**Enid A. Haupt Conservatory★★**, où poussent fleurs du désert et espèces tropicales (le **Orchid Show** de février à avril est un must) et même un **Adventure Garden** pour initier les enfants. Le site internet du jardin détaille les floraisons du moment.

Bronx Zoo ★★

Bronx River Parkway - ✆ 718 220 5100 - bronxzoo.com - avr.-nov. : 10h-17h, w.-end 10h-17h30 ; reste de l'année : 10h-16h30 - 34/42 $ (3-12 ans 24/32 $) - réserv. obligatoire.

Inauguré en 1899, le plus grand zoo urbain des États-Unis se répartit dans d'agréables espaces boisés. Sa mission est de promouvoir l'étude de la zoologie de façon éthique et responsable, et de préserver les espèces sauvages en reconstituant au mieux leur habitat naturel. Parmi les plus spectaculaires, **Jungle World** recrée admirablement le milieu de la forêt tropicale et le **World of Darkness** offre un voyage dans le noir pour découvrir des espèces insoupçonnées. À l'extérieur, les domaines des ours et des tigres sont très populaires.

Universal Hip-Hop Museum

610 Exterior St. - ✆ 347 454 2793 - www.uhhm.org - en attendant l'ouverture prévue en 2024, expos temporaires, se rens.

Ce musée sera entièrement consacré au hip-hop, courant musical et sociétal né au début des années 1970, d'abord controversé puis hissé au sommet grâce à des icônes mondialement adulées. Les galeries modernes et interactives, agrémentées de vidéos, images d'archives, compositions musicales et objets ayant appartenu aux artistes, permettent une immersion et une meilleure compréhension de cette culture. En attendant l'ouverture, des expositions temporaires sont visibles au **Bronx Terminal Market**, centre commercial et culturel situé à côté du futur musée *(env. 15 $)*.

The Cloisters★★★

Perché sur une colline dominant les berges de l'Hudson, au nord de Washington Heights, ce musée dépendant du Metropolitan Museum reproduit l'architecture d'un monastère fortifié européen. À l'intérieur, la collection d'art médiéval côtoie des cloîtres démantelés sur le Vieux Continent et remontés ici ! L'ensemble, d'une grande sérénité, illustre admirablement l'art sacré du Moyen Âge.

▶**Accès :** seule la **ligne 4 de bus** dessert les Cloisters (comptez 1h depuis Midtown). Pas de ligne directe en métro. Prenez la **ligne A** station 190th Street, où vous récupérez la ligne 4 du bus.
Fort Tryon Park – 212 923 3700 - www.metmuseum.org - mars.-oct. : 10h-17h15 ; juin-août : 10h-19h30 ; nov.-fév. : 10h-16h45 - fermé merc. - billet combiné avec le Met 5th Ave. (*p. 75*) 25 $ (-12 ans gratuit).

Plan détachable hors plan par E1.

▶**Conseil :** le site se prête à un pique-nique. Comptez 1h à 1h30 de visite.

The Cloisters ★★

Durant ses voyages, le sculpteur **George Barnard** rassembla des vestiges architecturaux du sud de la France. En 1925, **John D. Rockefeller** fit don au Metropolitan Museum d'une somme pour acquérir cette collection, qu'il enrichit d'œuvres. Puis il fit construire un musée du Moyen Âge à Tryon Park (1938).
L'**art roman** est mis à l'honneur dans le Romanesque Hall et dans la chapelle Fuentidueña (Castille, 1160). Le cloître de St-Guilhem (Hérault, fin 12e s.) annonce le premier gothique. L'**art gothique** prend toute sa dimension avec la chapelle de Langon (abbaye de Moutiers-St-Jean, 13e s.), le cloître de St-Michel de Cuxa et la salle capitulaire de Pontaut. Au niveau inférieur, une chapelle gothique abrite des tombes de Catalogne et d'Aragon (13e-14e s.). Le cloître de Bonnefont (France, 13e-14e s.) borde un jardin médiéval en terrasse sur l'Hudson. Le cloître de Trie (fin 15e s.) restitue le recueillement des monastères.

Les collections ★★★

La **Glass Gallery** réunit une série de vitraux, de statues et un retable flamand de la Nativité (Rogier Van der Weyden, 15e s.). Le **trésor** rassemble une collection d'objets sacrés : émaux cloisonnés de Limoges (13e s.), boule de rosaire (Pays-Bas, 16e s.), tentures brodées, pages enluminées des *Riches Heures du duc de Berry*, salière à piédestal en or et cristal de roche (Paris, 13e s.). La collection de **tapisseries**, compte parmi les plus anciennes au monde (15e-16e s.), avec notamment les tentures de la *Chasse à la Licorne* provenant du château de Verteuil-sur-Charente. D'autres salles abritent vitraux, retables et statues de style gothique et le triptyque de l'Annonciation, du Flamand Robert Campin (15e s.).

Brooklyn★★ et Queens★

Brooklyn ? C'est ce détonant mariage de banlieue devenue bobo-chic et de ville provinciale et populaire ; c'est DUMBO et Brooklyn Heights, aussi photogéniques l'un que l'autre ; Williamsburg, berceau des hipsters ; Park Slope, ses élégantes maisons brownstones et ses familles ; Red Hook et les derniers dockers ; Bushwick, ses tables insoupçonnées et ses fresques de street art colorées. Plus au nord, Queens est un authentique melting-pot à l'américaine. C'est là que le cinéma vit le jour et que se sont implantés de formidables musées.

▶**Accès :** presque toutes les lignes de métro mènent à Brooklyn et au Queens. Les numéros des lignes de bus circulant à Brooklyn sont précédés de la lettre B. La ligne **B41** relie Brooklyn Downtown à Bergen Beach, au sud. Pour circuler dans Queens, empruntez les lignes de métro **E**, **G**, **N**, **R** et **7**.
Il est très agréable de rejoindre DUMBO, Williamsburg et Queens en bateau (www.ferry.nyc - aller 2,75 $) depuis Pier 11 (South Manhattan) et 34th St.

Plan de quartier p. 98. Plan détachable BC8, F4, EH5-6, G5.

▶**Conseil :** si vous avez un peu de temps, traversez le pont de Brooklyn à pied et poussez jusqu'à DUMBO pour profiter de la vue superbe sur Manhattan.

BROOKLYN ★★

Brooklyn a une histoire presque aussi ancienne que celle de Manhattan. Cette région autrefois rurale a été intégrée à New York en 1898. C'est aujourd'hui le plus peuplé des *boroughs* new-yorkais (presque 2,5 millions d'habitants, ce qui en ferait la quatrième ville des États-Unis), un mélange de gens et de genres, une ville **pluriethnique** marquée par l'installation massive d'immigrés et une série de quartiers élégants, tel **Brooklyn Heights**, habités par des New-Yorkais aisés qui travaillent à Manhattan. Aux beaux jours, les pelouses de **Prospect Park** et les plages de **Coney Island**, au sud, sont prises d'assaut !

Brooklyn Heights ★★

B8 À l'époque de la Révolution américaine, cette partie de Brooklyn servit de quartier général à **George Washington**. Ensuite, ce fut la première zone à se développer quand les transferts vers Manhattan devinrent plus aisés. La **promenade**, qui surplombe la rivière et longe les jardins des demeures bourgeoises, offre une superbe **vue**★★★ sur Lower Manhattan et ses gratte-ciel. Elle fait partie du très apprécié **Brooklyn Bridge Park**★★.

DUMBO ★ /Empire Fulton Ferry State Park ★★

C8 Situé entre Brooklyn et Manhattan Bridge, **DUMBO** *(Down Under the Manhattan Bridge Overpass)* est un ancien quartier d'usines et d'entrepôts à l'architecture spectaculaire, aujourd'hui en pleine mutation et investi par les jeunes « bobos » du Financial District.

Appartenant au Brooklyn Bridge Park *(www.brooklynbridgepark.org)*, l'**Empire Fulton Ferry SP★★** est joliment aménagé au bord de la rivière entre le Manhattan Bridge et Brooklyn Bridge. De là, vous pourrez admirer les hautes tours de Manhattan. Vision surréaliste et inoubliable garantie !

Williamsburg ★

E7-8 Williamsburg est la vitrine branchée de Brooklyn, où à l'origine,

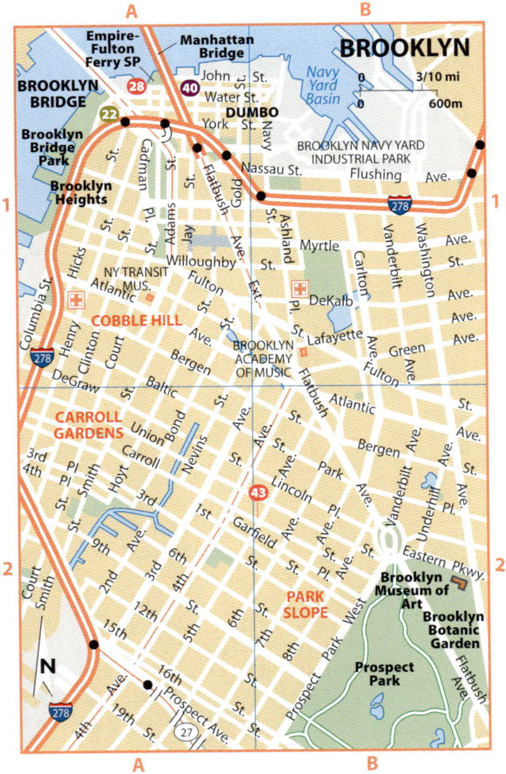

SE RESTAURER
Time Out Market 28
Al di la Trattoria...... 43

SHOPPING
Brooklyn Flea........ 40

SE LOGER
1 Hotel Brooklyn Bridge............. 22

Voir aussi nos adresses à Williamsburg placées sur le plan détachable.

se sont installés les artistes que les prix de Manhattan faisaient fuir. La renommée du quartier et son côté « cool décontracté » cultivé à outrance l'ont tellement popularisé que les prix ont flambé et que son côté sanctuaire n'est plus qu'une illusion.
C'est le week-end qu'il faut s'y rendre en priorité, quand les marchés aux puces animent le quartier, drainant une foule ininterrompue. Pour un concentré du style du quartier, hésitant désormais entre lieux indépendants et enseignes franchisées voire de luxe, arpentez **Bedford et Berry Streets**, au nord de Williamsburg Bridge. Et échappez-vous sur les berges de l'East River (au **Bushwick Intel Park**), vous aurez de belles vues sur Midtown.

Bushwick

FG8 Village fondé par les colons hollandais en 1660, Bushwick a vu sa renommée acquise grâce à ses brasseries aux 19e et 20e s. C'est aujourd'hui le repaire des artistes qui fuient l'embourgeoisement de Williamsburg. Difficile d'imaginer pareille situation dans les années 1970-1980 quand ce quartier de Brooklyn était l'un des plus dangereux de la ville. Apaisé et boboïsé, Bushwick a vu les murs de ses anciennes usines se recouvrirent de fresques **street art** (notamment **Bogart St.**, **Gardner Ave.**, **Johnson Ave.**, **Scott Ave.** et **Troutman St.**).

Prospect Park ★

B2 p. 98 *Trois entrées : 150 Eastern Parkway, 455 Flatbush Ave., 990 Washington Ave. - www.prospectpark.org.*
Cet espace vert, dessiné par les architectes paysagistes de Central Park, alterne prairies et bosquets, avec un esprit plus champêtre et rustique que son « grand frère ». Profitez d'être sur place pour flâner dans les rues de **Park Slope**, quartier résidentiel qui jouxte le parc. Ses rues commerçantes et arborées, ses jolies *brownstones* ainsi que son atmosphère familiale concluent une très agréable balade.
Brooklyn Botanic Garden★ – *Lefferts Historic House - www.bbg.org - tlj sf lun. 10h-18h ; nov.-fév. : tlj sf lun. 10h-16h - 18 $ (-12 ans gratuit).*
Aménagé en 1910 à l'intérieur du parc, le jardin botanique est prisé pour son paysage japonais et au printemps, pour ses magnolias et ses cerisiers (prunus) dont on suit la floraison en temps réel sur le site Internet.

Brooklyn Museum of Art ★★

B2 p. 98 *200 Eastern Parkway - ✆ 718 638 5000 - www.brooklynmuseum.org - merc.-dim. 11h-18h, 1er sam. du mois 17h-23h - 16 $ (-19 ans gratuit).*
Le Brooklyn Museum of Art (1897) est l'un des plus riches de la ville. Ses collections, réparties sur 52 000 m^2, (1,5 million d'œuvres dans le fonds du musée) sont d'une grande qualité. Les expositions temporaires comptent également parmi les plus réputées de la ville. À moins que vous n'ayez décidé de limiter votre visite à un seul thème, commencez au 5e niveau.
Peinture et sculpture américaines★★★ – *5e niveau.*
Cette série s'inscrit dans la géographie, les ethnies et le quotidien du pays ; sont évoqués l'art du paysage, les peintures

de genre, la guerre de Sécession, l'exotisme, les peintres autodidactes, les artistes des grandes écoles, le passage du 19e s. romantique au 20e s. industriel, l'expressionnisme abstrait et le minimalisme de la seconde moitié du 20e s.

Arts décoratifs★★ – *4e niveau.*
Il s'agit de reconstitutions d'intérieurs de différents styles et époques (*period rooms*), le plus ancien étant un intérieur hollandais du 17e s. On y retrouve aussi l'éclectisme qui a marqué la fin du 19e s. et le début du 20e s., du néogothique au japonisant, aboutissant à l'Arts & Craft, à l'Art nouveau puis à l'Art déco.

Elizabeth A. Sackler Center for Feminist Art★ – *4e niveau.*
Ce département original s'intéresse à l'art vu et exécuté par les femmes en fonction de leur sensibilité propre. L'œuvre centrale est **The Dinner Party★★** (1974-1979), une vaste installation de Judy Chicago.

Antiquités égyptiennes★★★ – *3e niveau.*
Ces collections, parmi les plus réputées au monde, rassemblent des objets usuels passionnants. Une première partie présente l'histoire, une seconde explique les différentes facettes de la vie quotidienne en Égypte durant l'Antiquité.

Peinture européenne★★ – *3e niveau.*
Cette partie est organisée autour du cloître à arcades comme une promenade à travers 700 ans de peinture en Europe, comprenant des paysages, des portraits et des scènes de genre ou historiques, d'artistes aussi divers que Monet, Courbet ou encore Sorolla...

Arts asiatiques et du monde islamique★ – *2e niveau.*
Y sont illustrés les arts des différentes civilisations asiatiques (Chine, Corée, Japon, Inde, Népal, Asie du Sud-Est) et arabes (art islamique).
Le 1er niveau est réservé aux expositions temporaires et abrite le restaurant tendance The Norm.

QUEENS ★

EH5-6 Queens, le plus étendu des cinq *boroughs* de New York, occupe, avec Brooklyn, la partie occidentale de Long Island. C'est là que se trouvent deux des trois aéroports desservant New York : John F. Kennedy et LaGuardia Airport (*p. 3*). C'est aussi là que se dressent deux des grands temples sportifs de la ville, le Citi Field et Flushing Meadows, qui accueille l'US Open de tennis. Dans les années 1920, le quartier Astoria comptait une vingtaine de studios de cinéma. Aujourd'hui, après avoir été longtemps dédaigné, Queens, riche de nombreuses communautés, profite de la flambée des prix de Manhattan pour attirer artistes, jeunes créateurs, entreprises... et visiteurs ravis de découvrir ses passionnants musées.

MoMA PS1 ★

E5 *22-25 Jackson Ave. (angle 46th Ave.) - 718 784 2084 - www.momaps1.org - tlj sf mar.-merc. 12h-18h, sam. 12h-20h - 10 $ (-16 ans gratuit) ; gratuit avec un billet du MoMA datant de moins de 14 jours.*
Restaurant Mina's sur place, cuisine méditerranéenne d'inspiration grecque.

Ce centre artistique, voué à l'art contemporain, dépend du MoMA, auquel il sert de pépinière de jeunes artistes. Installé dans une école publique bâtie dans le style néo-Renaissance au début des années 1890, il en a gardé le cadre brut. Le contraste est saisissant entre l'austérité des murs de briques, les couloirs sans fin, le mobilier scolaire conservé et l'audace des expositions présentées dans les anciennes salles de classe. Peintures sur la distorsion des corps, installations monumentales, vidéos déroutantes aux concepts abstraits, difficile de suivre un fil conducteur, mais impossible de rester indifférent devant cette gamme assez complète de ce qu'est l'art contemporain aujourd'hui. Les futures vedettes du MoMA figurent peut-être parmi les artistes exposés.

Noguchi Museum ★

F4 *9-01 33rd Rd., Long Island City - ✆ 718 204 7088 - www.noguchi.org - merc.-dim. 11h-18h - 12 $.*

Isamu Noguchi (1904-1988), grand sculpteur américain d'origine japonaise, est célèbre pour ses jardins (Unesco, Paris), ses espaces publics (Hart Plaza, Detroit), ses pièces de mobilier (les fameuses lampes Akari en papier et bambou) et ses décors de théâtre (Balanchine, Martha Graham). Le musée, aménagé dans son ancien atelier et son jardin, présente des échantillons de ses sculptures, ainsi que des œuvres d'autres artistes contemporains, photographes et designers.

Museum of the Moving Image ★★

G5 *36-01 35th Ave. (angle 36th St.) - Astoria - ✆ 718 777 6888 - movingimage.us - ♿ - jeu. 14h-18h, vend. 14h-20h et w.-end 12h-18h - 20 $.*

Ce musée, avec costumes et photos d'acteurs de légende, s'est installé dans l'ancien quartier de l'industrie du **cinéma**, sur le site des studios Astoria. De nombreuses affiches et photos témoignent des heures de gloire des studios, mais c'est surtout l'exposition permanente *Behind the Screen (Derrière l'écran)* qui passionnera les enfants, les adolescents et les adultes. Dans des salles d'un blanc immaculé, près de 130 000 objets suscitent émotions et nostalgie (caméras, éléments de décor, costumes, perruques, etc.), du costume de Chewbacca dans *Star Wars* à l'effrayant mannequin de *L'Exorciste*. Les premiers jeux d'arcade sont exposés (dont le légendaire *Tron*) et le décor Égypte antique d'un cinéma des années 1920 est reconstitué. L'interactivité est de mise dans la muséographie puisqu'on peut s'initier aux techniques de doublage, créer son propre film d'animation ou encore composer la bande originale de grands succès hollywoodiens ! Une visite passionnante et ludique.

NOS ADRESSES

Terrasse du rooftop The Crown.
The Crown

Se restaurer

À toute heure, vous trouverez dans tous les quartiers de quoi vous restaurer sur le pouce mais ne vous attendez pas à des tarifs bon marché (pour un pique-nique, privilégiez les chaînes *healthy* comme Whole Foods Market). Le soir, les bonnes tables ne manquent pas mais les prix s'envolent et la réservation est conseillée. Le week-end, comme les New-Yorkais, cédez à la tentation du brunch qui vous fera deux repas en un !

« Prendre un verre » p. 114 et « Restauration » p. 139.

Repérez les adresses sur nos plans grâce aux pastilles numérotées (ex. 1). Les coordonnées en rouge (ex. C2) font référence au plan détachable (à l'intérieur de la couverture).

Lower Manhattan

Plan de quartier p. 16-17

Autour de 20-30 $

10 **Lekka Burger – Hors plan de quartier** - **A7** - *81 Warren St. - M Chambers St. - (646) 678-5367 - www.lekkaburger.com - fermé dim.-lun. - moins de 20 $.* Un *burger joint* stylé et coloré, entièrement vegan. À partir d'aliments végétaux, légumes, graines et épices, la chef crée burgers, salades et accompagnements surprenants et goûteux. Mention spéciale pour le burger au guacamole.

13 **Adrienne's Pizzabar** – **A8** - *54 Stone St. - M Wall St. - (718) 555-1234 - www.adriennespizzabar.com - tlj, service continu - pizza 22/39 $ - plats 17/24 $.* Délicieuses pizzas, mais aussi des gratins et des salades dans une rue historique pittoresque.

63 **Westville** – **B8** - *110 Wall St. - M Wall St. - (212) 741-4780 - www.westvillenyc.com - tlj, service continu - plats 13/18 $.* Une micro-chaîne locale très appréciée qui permet de manger sain, dans un bel espace lumineux et à prix contenus : assiettes de légumes, bowls et bons desserts.

De 30 à 60 $

64 **Tin Building by Jean-Georges** – **B8** - *96 South St. - M Fulton St. - www.tinbuilding.com - tlj, service continu - plats 16/40 $.* L'ancien marché au poisson, reconverti en *food hall* glamour par le chef star Jean-Georges Vongerichten, accueille deux niveaux de restaurants et comptoirs gourmands (seafood bar, trattoria, brasserie, taqueria, veggie...) avec vue sur les navires du Seaport Museum.

Chinatown

Plan de quartier p. 31

Autour de 20-30 $

5 **Happy Veggie** – **B7** - *76 Mott St. - M Canal St. - (646) 838-5118 - www.happyveggierestaurant.com - tlj, service continu - plats 10/20 $.* Les propriétaires, végétariens eux-mêmes,

proposent une carte abordable, qui fait découvrir leur héritage culinaire asiatique à travers une cuisine végétarienne fusion et goûteuse.

De 40 à 80 $

25 **Peking Duck House** – **B7** - *28 Mott St. - entre Chatham Sq. et Pell St. - Ⓜ Canal St. - ✆ (212) 227-1810 - www.pekingduckhousenyc.com - tlj, service continu - plats 33/52 $.* Le canard laqué *(75 $)* roulé dans de petites crêpes est un régal à ne pas manquer !

NoLita

Plan de quartier **p. 36**

Autour de 20-30 $

19 **Little Ruby's Café** – **B7** - *219 Mulberry St. - Ⓜ Spring St. - ✆ (212) 925-5755 - www.littlerubyscafe.com - tlj, service continu - plats 11/18 $.* Une carte variée (breakfast, bowls, burgers, salades, pâtes) doublée d'un excellent rapport qualité prix pour le quartier. Servi avec des pommes allumettes extra, le « Bronte » est le burger *signature*.

Autour de 30-40 $

15 **Rubirosa** – **B7** - *235 Mulberry St. - Ⓜ Spring St. ✆ (212) 965-0500 - www.rubirosanyc.com - tlj, service continu - plats 21/29 $.* Les meilleures pizzas du quartier (et autres plats familiaux italiens bien tournés), à déguster dans une petite salle pleine de cachet. La sauce marinara est aussi légendaire. Réservation plus que conseillée.

Nicole Franzen/Tin Building by Jean-Georges

Tin Building by Jean-Georges.

TriBeCa - SoHo

Plan de quartier **p. 31**

De 30 à 50 $

12 **Le Botaniste** – **B7** - *127 Grand St. - M Canal St. - ✆ (646) 870-7770 - www.lebotaniste.us - tlj, service continu - plats 15/30 $.* Dans une ancienne boutique d'apothicaire, cette néo-cantine bio et végétarienne propose un menu responsable, créatif et coloré prouvant qu'il est facile de se régaler avec des associations culinaires surprenantes et variées. Trois autres adresses dans Manhattan.

De 40 à 80 $

37 **Au Cheval** – **B7** - *33 Cortlandt Alley - M Spring St. - ✆ (646) 350-2429 - www.auchevalnyc.com - fermé lun.-mar. midi - plats 30/40 $.* Dans une ruelle cinématographique, une brasserie élégante et décontractée, animée et branchée, pour croquer dans un mémorable cheeseburger servi avec un choix impressionnant de bières pression. Réservation conseillée.

❤ 54 **Locanda Verde** – **A7** - *377 Greenwich St. - M Franklin St. - ✆ (212) 925-3797 - www.locandaverdenyc.com - tlj mat., midi et soir - plats 25/68 $.* Dans un décor chic et trendy, l'un des meilleurs restaurants italiens de la ville. Du petit-déjeuner au dîner, les assiettes sont soignées. Plats originaux et produits de qualité. Mention spéciale aux rigatoni à la bolognaise d'agneau, ricotta et menthe, un délice !

Lower East Side

Plan de quartier **p. 36**

Autour de 20-30 $

29 **Russ & Daughters** – **C7** - *179 East Houston St. - M 2nd Ave. - ✆ (212) 475-4880 - www.russanddaughters.com - 8h-16h - Environ 20 $.* Ce *delicatessen* centenaire régale les clients de son saumon et autres poissons fumés servis dans un bagel artisanal avec *cream cheese*. La vénérable épicerie fine a ouvert aussi un café-restaurant chic et stylé au 127 Orchard St.

9 **Essex Market** – **C7** - *88 Essex St. - M Delancey St./Essex St. - www.essexmarket.nyc - tlj, service continu - plats dès 15 $.* Le marché historique du quartier s'est modernisé mais en gardant l'esprit ethnique du lieu. On y retrouve une variété de cuisines qui font honneur à la diversité du Lower East Side.

De 30 à 60 $

11 **Freemans** – **B7** - *191 Chrystie St. - au bout de Freeman Alley - M Bowery - ✆ (212) 420-0012 - www.freemansrestaurant.com - tlj, service continu - plats 20/44 $.* Cachée au fond d'une allée criblée de street art, cette taverne de charme recrée l'atmosphère des maisons de l'époque coloniale avec tableaux et trophées de chasse. On y déguste de bonnes spécialités américaines rustiques.

Greenwich Village

Plan de quartier **p. 41**

Autour de 20-30 $

44 **Beatnic** – **B6** - *185 Bleecker St. - M West 4th St. - ✆ (212) 290-8000 - www.eatbeatnic.com - tlj, service continu - moins de 20 $.* Une cantine végétalienne proposant des salades,

snacks et burgers colorés, qui réveillent les papilles, comblent les amateurs du genre et étonnent les (derniers) réticents. Essayez la salade Magic Mushroom, le Guac Burger ou le Chicky Deluxe et son bun bretzel.

De 30 à 60 $

❤ 8 **Balaboosta** – **B6** - *611 Hudson St. - M 14th St. - ✆ (212) 390-1545 - www.balaboostanyc.com - fermé lun. et à midi - plats 25/44 $.* Balaboosta signifie en Yiddish « parfaite hôtesse de maison et maman poule ». La chef israélienne Einat Admony a ouvert ce restaurant en souvenir de la sienne. La carte propose des spécialités du Moyen-Orient plus savoureuses les unes que les autres et nous transporte de New York à Jérusalem le temps d'un voyage sensoriel et gustatif.

❤ 34 **Mary's Fish Camp** – **B6** - *64 Charles St. - M Christopher St. - ✆ (646) 486-2185 - www.marysfishcamp.com - tlj, service continu - plats 24/46 $.* Ambiance conviviale dans cet établissement célébrant les fruits de mer de la côte Est. Bar grillé, moules, palourdes et *lobster roll* (sandwich au homard du Maine mélangé à une rémoulade).

East Village - NoHo

De 30 à 50 $

68 **Soothr** – **C6** - *204 East 13th St. - M 3rd Ave. - ✆ (212) 844-9789 - www.soothrnyc.com - tlj, service continu - plats 20-27 $.* Difficile de faire son choix tant tout est appétissant dans ce restaurant thaï trendy au décor vintage. La salle et son patio recréent un *soi* typique de Bangkok. Aux plats signature (*duck noodles, shrimp curry*) s'ajoutent de succulentes spécialités saisonnières et une belle carte de cocktails originaux.

20 **Momofuku Noodle Bar** – **C6** - *171 1st Ave. - entre 10th et 1th St - M Astor Pl. - ✆ (212) 777-7773 - www.momofukunoodlebar.com - tlj, midi et soir - plats 20/25 $.* On y mange le long d'un comptoir des ramen (soupes de nouilles variées) et de succulentes petites brioches vapeur signées David Chang, pionnier du renouveau de la cuisine asiatique.

27 **Supper** – **Plan de quartier p. 36** - **C7** - *156 East 2nd St. - entre Aves A et B - M 2nd Ave. - ✆ (212) 477-7600 - www.supperrestaurant.com - [pas de carte] - fermé à midi en sem. - plats 26/35 $.* Cadre sobre et chaleureux pour une excellente cuisine de l'Italie du Nord. Agréable terrasse aux beaux jours.

48 **Double Zero** – **C7** - *65 2nd Ave. - M 2nd Ave. - ✆ (212) 777-1608 - www.matthewkenneycuisine.com/double-zero - tlj, service continu - pizza 22/24 $ - plats 14/22 $.* Comment concilier pizzas ou pâtes gourmandes, et repas sain et équilibré ? Le chef Matthew Kenney y répond en combinant saveurs et cuisine végétarienne. Tentez l'originalité en goûtant les pizzas à la crème de cajou, ainsi que les pâtes bolognaises végétales. De belles découvertes !

Chelsea

Autour de 20-30 $

7 **Chelsea Market** – **Plan de quartier p. 41** - **B6** - *75 9th Ave. - entre 15th et 16th St. - M 8th Ave. - ✆ (212) 652-2121 - chelseamarket.com - tlj, service*

continu. Une trentaine de petits restaurants, pâtisseries et stands gourmet occupent cette ancienne usine réhabilitée. Il y en a pour tous les goûts : bagels, tacos, noodles, seafood, falafels, doughnuts, brownies... à déguster sur place ou à emporter. Toujours très fréquenté.

45 **Bare Burger** – **B6** - *535 LaGuardia Pl. - M Bleecker St. - ✆ (212) 477-8125 - www.bareburger.com - tlj, service continu - burgers 10/18 $*. Une chaîne qui mise sur la qualité des produits et se revendique « *organic* » (bio). Burgers juteux et goûteux, belle carte de bières artisanales à la pression et décor champêtre. Plusieurs adresses en ville (voir leur site Internet).

De 30 à 60 $

6 **Cookshop** – **B5** - *156 10th Ave. - angle 20th St. - M 23rd St. (8th Ave.) - ✆ (212) 924-4440 - www.cookshopny.com - tlj, midi et soir - plats 21/40 $*. L'une de nos adresses préférées dans Chelsea pour son atmosphère typique du quartier, l'intérieur lumineux tout en bois clair et décoration végétale, et le savoureux menu locavore. Leur brunch est très couru.

Union Square - Madison Square

De 30 à 60 $

1 **Laut** – **C6** - *15 East 17th St. - M 14th St.-Union Sq. - ✆ (212) 206-8989 - www.lautnyc.com - tlj, midi et soir - plats 20/38 $*. Un arrêt recommandé pour déguster une cuisine malaise et singapourienne aux accents parfois détonants (nouilles sautées mêlant crevettes et saucisse épicée). Copieux, exotique et franchement bon. Salle colorée qui peut s'avérer bruyante.

47 **abcV** – **C6** - *35 East 19th St. - M 23th St. - ✆ (212) 475-5829 - www.abckitchens.nyc - tlj, midi et soir - plats 23/33 $*. Dernier né dans la galaxie des restaurants de Jean-Georges Vongerichten, abcV est dédié aux végétariens. Dans un cadre très design où le blanc dominant est cassé par des touches de couleurs acidulées, on déguste de belles assiettes, vives et aux saveurs nettes.

57 **Hillstone** - **C6** – *378 Park Ave. South - angle Park Ave. et 27th St. - M 28th St. - ✆ (212) 689-1090 - www.hillstonerestaurant.com - tlj, service continu - plats 25/65 $*. Atmosphère sympathique pour cette brasserie servant une cuisine fusion américano-asiatique. Sushis, rolls, viandes et poissons sont ici revisités. Mention spéciale pour la salade exotique de nouilles au steak mariné et le burger fait maison. Très prisé des locaux, réservation recommandée.

West Midtown

Autour de 20 $

66 **Sweetgreen** – **C4** - *1740 Broadway - M 59th St. Columbus Circle - ✆ (646) 956-2600 - www.sweetgreen.com - tlj, service continu - plats 15/20 $*. Une chaîne pratique et *healthy*, plébiscitée par les New-Yorkais le midi. Celui-ci est spacieux, avec des places assises et Central Park à deux pas. Grands bowls de crudités, légumes cuits, quinoa, lentilles, poulet, tofu... Copieux, goûteux, bien assaisonné et sain.

❤ 36 **Kung Fu Little Steamed Buns Ramen** – **C4** - *811 8th Ave. - M 42th St. (proche angle 49th St.) - (917) 388-2555 - www.kungfulittlesteamedbunsramen.com - tlj, service continu - moins de 20 $.* Bienvenue au royaume des noodles ! Peter Song, le chef qu'on aperçoit étirer et frapper la pâte derrière une vitre, est un spécialiste. Les nouilles se dégustent en soupes ou sautées. Excellents dumplings (beignets vapeur).

De 40 à 70 $

67 **Keens Steakhouse** – **C5** - *72 West 36th St. - M 34th St. - (212) 947-3636 - www.keens.com - fermé sam. midi et dim. midi - plats 25/45 $.* Moins cher que la carte, le *pub menu* (à demander d'emblée) est une aubaine pour déguster une excellente viande dans une steakhouse historique (1885) chic et cossue, décorée d'une incroyable collection de pipes en terre cuite. Réservez et laissez-vous tenter par la fondante brochette de *grilled filet mignon.*

22 **Nobu 57** – **D4** - *40 West 57th St. - M 57th St. - (212) 757-3000 - www.noburestaurants.com - tlj, midi et soir - plats 32/64 $.* Dans une ambiance contemporaine feutrée, vous savourerez une cuisine japonaise de haute volée dont les plats à base de morue ont fait la renommée.

East Midtown

De 30 à 70 $

2 **Festivál Café** – **D4** - *1155 2nd Ave. - au niveau de la 61st St. - M Lexington Ave./59th St. - (646) 398-9686 - www.festivalcafenyc.com - tlj sf dim., service continu - plats 22/34 $.* L'adresse est champêtre avec quelques cabanes aménagées en terrasse. Assiettes gourmandes, planches, tartines, salades et fruits de mer, sélectionnés auprès de producteurs locaux. Elle est aussi réputée pour ses cocktails à base de plantes aromatiques provenant d'une ferme biologique.

❤ 23 **Grand Central Oyster Bar** – **C5** - *89 East 42nd St. - Grand Central Terminal - M Grand Central - (212) 490-6650 - www.oysterbarny.com - tlj sf dim., service continu - plats 25/50 $.* Un restaurant de gare historique et probablement le meilleur endroit de la ville pour déguster des fruits de mer.

Central Park

De 50 à 70 $

3 **The Loeb Boathouse at Central Park** – **D3** - *East 72nd St. - Park Drive North - M 72th St. - (212) 517-2233 - www.thecentralparkboathouse.com - 12h-16h, w.-end 9h30-15h45 - plats 31/39 $.* Au cœur de Central Park, cette ravissante véranda offre de romantiques couchers de soleil sur l'eau. Et tout est bon !

Plus de 300 $

4 **Jean-Georges** – **C4** - *1 Central Park West - dans la Trump Tower - M 59th St./Columbus Circle - (212) 299-3900 - www.jean-georgesrestaurant.com - le soir seult - fermé lun. - menu 268/338 $.* Une cuisine américaine d'exception signée Jean-Georges Vongerichten, doublement étoilé au Guide Michelin, dans un cadre d'une

élégance rare. Service d'un extrême professionnalisme.

Upper East Side

De 30 à 50 $

18 Maya – E4 - *1191 1st Ave. - M Lexington Ave. - ✆ (212) 585-1818 - www.eatmaya.com - le soir en sem., midi et soir le w.-end - plats 26/37 $.* La cuisine mexicaine, qui marie harmonieusement tradition et nouveauté, est servie dans un cadre très agréable.

50 JG Melon – E4 - *1291 3rd Ave. - à l'angle de la 75th St. - M 72st St. - ✆ (212) 744-0585 - www.jgmelon-nyc.com - - tlj, service continu - plats 19,50/34 $.* Reconnaissable à sa devanture vert bouteille et ses nappes à carreaux, ce restaurant reste une institution dans le quartier depuis 50 ans, grâce à son fameux burger et ses frites rondes *(20 $)*.

Upper West Side

De 20 à 50 $

56 Thai 72 Kitchen and Bar – C3 - *128 West 72nd St. - M 72th St. - ✆ (212) 496-6153 - www.thai72nyc.com - tlj, service continu - plats 16/42 $.* La décoration industrielle branchée contraste avec les authentiques saveurs thaïes servies dans l'assiette. Ingrédients frais, services souriant, cuisine parfumée et goûteuse, le lieu est pris d'assaut par les locaux. Vous pouvez aussi profiter du service à emporter.

59 Whole Foods Market – C4 - *10 Columbus Circle - au sous-sol du Time Warner Center - M 59th St - ✆ (212) 823-9600 - www.wholefoodsmarket.com - tlj.* Une chaîne de supermarchés bio, connue pour ses rayons alléchants, sa variété de *salad bars* et de plats préparés d'horizons variés (indien, asiatique, libanais, vegan...). À manger sur place ou à emporter dans une barquette (Central Park est à côté).

Le guide Michelin New York

À consulter en complément : vous y trouverez une sélection d'adresses pour tous les budgets ainsi que des restaurants étoilés !
www.guide.michelin.com

Morningside Heights

De 30 à 60 $

60 Marlow Bistro – D2 - *1018 Amsterdam Ave. - M Cathedral Parkway-110th St. - ✆ (212) 662-9020 - www.marlowbistro.com - tlj, service continu - plats 24/41 $.* L'adresse, pleine de charme, propose une carte aux produits issus de circuits courts, un menu de saison de la ferme à l'assiette. Les chefs propriétaires s'associent à des œuvres caritatives new-yorkaises pour l'accès et l'éducation à une meilleure alimentation.

Harlem et le Bronx

De 30 à 50 $

65 BLVD Bistro – E2 - *2149 Frederick Douglass Bd, près de la 116th St. - M 116th St. - ✆ (212) 678-6200 - www.boulevardbistrony.com - tlj, service continu - plats très copieux 16-40 $.*

Le meilleur endroit pour s'initier à la *soul food* (cuisine afro-américaine du Sud des États-Unis) dans un cadre chaleureux et une joyeuse ambiance typiquement harlémite. Les DJ nights du week-end sont très animées !

46 **Dinosaur Bar-B-Que** – **D1** - *700 West 125th St. - M 125th St. - ✆ (212) 694-1777 - www.dinosaurbarbque.com - tlj sf lun., service continu - plats 15/31 $.* Difficile de faire plus américain que ce restaurant spécialisé dans les viandes grillées. Dans un cadre rustique, on se régale d'une cuisine simple mais copieuse.

62 **Beatstro** – **G1** - *135 Alexander Ave. - M 3rd Ave./138st St. - ✆ (718) 489-9397 - www.beatstro.com - 16h-0h, w.-end 11h30-23h - plats 17/27 $.* La déco, façon boutique de disques des années 1970-1980, rend hommage à la diversité artistique, ethnique et culturelle du Bronx. Atmosphère funky et savoureuse cuisine fusion *Soul Food*, aux inspirations afro-américaine et portoricaine. le brunch est très populaire.

Brooklyn - DUMBO

Plan de quartier p. 98

Autour de 20-30 $

28 **Time Out Market** – **C8** - *55 Water St., dans les Empire Stores. - M York St. - www.timeoutmarket.com - tlj, service continu - plats dès 15 $.* Le *food hall* du célèbre magazine *Time Out* rassemble une vingtaine d'enseignes gourmet emblématiques de New York dans un entrepôt historique : les pancakes de Clinton St. Baking Company, la pizza de Fornino's... Vue fantastique depuis le rooftop qui se déploie entre les ponts de Brooklyn et de Manhattan.

De 40 à 80 $

71 **Vinegar Hill House** – **C8** - *72 Hudson Ave. - M York St. - www.vinegarhillhouse.com - le soir en semaine et le w.-end pour le brunch - plats 20-45 $.* Hors des sentiers battus, dans un quartier contrasté, voici une table branchée au charme champêtre vintage qui séduira les gourmets par sa cuisine inventive et locavore *Modern American*. Réservation indispensable.

Brooklyn - Williamsburg et Bushwick

De 20 à 40 $

72 **Gertie** – **E7-8** - *357 Grand St. - M Metropolitan Ave. - ✆ (718) 636-0902 - www.gertie.nyc - tlj du matin à 16h - plats 16-24 $.* Ce néo-diner frais et lumineux sert le meilleur des *delis* juifs new-yorkais. Tout est fait maison, des bagels qui forment les délicieux sandwiches au pastrami en passant par les pâtisseries comme la babka au chocolat. Essayez la salade de poisson blanc fumé, c'est un régal.

❤ 42 **Fette Sau** – **E7** - *354 Metropolitan Ave. - M Metropolitan Ave. - ✆ (718) 963-3404 - www.fettesaubbq.com - fermé lun.-mar. midi - plats 15/26 $.* Un excellent BBQ à l'américaine avec travers de porc, bœuf grillé et saucisses provenant d'élevages fermiers de l'État, accompagnés de haricots rouges. Ambiance relax : grandes tablées où l'on mange avec les doigts, dans un hangar ouvert sur la rue.

70 Roberta's – **F8** - *263 Moore St. - M Morgan Ave. - ☎ (718) 417-1118 - www.robertaspizza.com/bushwick - tlj, service continu - plats 16-28 $.* Cette vaste et improbable pizzeria au décor de bric et de broc, née dans un garage comme les plus grandes *success stories* américaines, fut la pionnière de la nouvelle scène culinaire brooklynite, gourmande et branchée. Une atmosphère assez unique !

De 50 à 100 $

26 Peter Luger Steak House – **D8** - *178 Broadway - angle Driggs St. - M Marcy Ave. - ☎ (718) 387-7400 - www.peterluger.com - P - tlj, service continu - plats 39/85 $.* Tout simplement la meilleure viande de New York et ce, depuis 1887 ! Réservation indispensable.

❤ **49 The Four Horsemen** – **E7** - *295 Grand St. - M Metropolitan Ave. - ☎ (718) 599-4900 - www.fourhorsemenbk.com - fermé à midi du lun. à jeu. - plats 27/36 $.* Le restaurant du chanteur James Murphy (LCD Soundsystem) est une jolie réussite. Le concept : de belles petites assiettes à partager, inventives et modernes, qui alternent entre terre et mer, et une impressionnante carte de vins nature.

32 The Williamsburg Restaurant – **E7** - *96 Wythe Ave. - M Bedford Ave. - ☎ (718) 362-8100 - www.thewilliamsburghotel.com - tlj, service continu - plats 23/54 $.* Au sein du Williamsburg Hotel (*p. 133*), très joli cadre et atmosphère branché pour ce bistrot moderne américain. La carte propose des produits frais, appétissants et originaux, variant au gré des saisons. Réputé également pour son brunch et le tea time du week-end, avec une sélection de thés fins, canapés et gourmandises, tout Brooklyn s'y presse !

Brooklyn - Park Slope

Plan de quartier p. 98

De 40 à 60 $

46 Al di la Trattoria – **Hors plan détachable** - *248 5th Ave. - M Union St. - ☎ (718) 783-4565 - www.aldilatrattoria.com - tlj sf dim., le soir seult - plats 29/33 $.* Une trattoria au charme un tantinet désuet, considérée comme une valeur sûre par les habitants du quartier. Des antipasti aux desserts, tout est joliment exécuté, avec des saveurs nettes et franches. Pastas comme en Italie et plats plus ambitieux comme du lapin braisé.

Queens

69 Casa Enrique – **E5-6** – *5-48 49th Ave. - ☎ (347) 448-6040 – fermé le midi en semaine et dim. soir - www.casaenriquelic.com.* Sans doute l'une des meilleures tables mexicaines de New York, dont le succès ne se dément pas depuis son ouverture en 2012. Encore une *success story* à l'américaine : le chef Cosme Aguilar, arrivé aux États-Unis en 1998, commence à travailler dans un restaurant français comme portier avant d'avoir l'opportunité de se former en cuisine. Après 10 ans à se perfectionner dans la cuisine française, Cosme est rattrapé par son enfance dans le Chiapas et ouvre un restaurant mexicain. Au menu : *Enchiladas de pollo con mole Piaxtla, pozole de mi Tía, pollo con Mezquite…*

EXIT

Prendre un verre

Cafés, bars à vins, à bières et à cocktails, pâtisseries et rooftops ont le vent en poupe à New York. Découvrez aussi les *gourmet-food trucks*, qui revisitent la *street food* du monde entier avec créativité, en version salée mais aussi sucrée.

Repérez les adresses sur nos plans grâce aux pastilles numérotées (ex. 1). Les coordonnées en rouge (ex. C2) font référence au plan détachable (à l'intérieur de la couverture).

Lower Manhattan

Plan de quartier p. 16-17

❤ 16 **The Dead Rabbit** – **A8** - *30 Water St. - M Bowling Green/ South Ferry Station - (646) 422-7906 - thedeadrabbit.com - 12h-2h, vend.-sam. 12h-3h; The Parlor : mar.-sam. 17h-1h.* Derrière une façade anonyme se cache l'antre réputé de deux amis nord-irlandais qui ont révolutionné l'esprit des bars à cocktails. Au rez-de-chaussée, une taverne irlandaise dans son jus (interminable liste de whiskeys). À l'étage, les mixologistes s'en donnent à cœur joie pour bouleverser les palais dans une ambiance cosy.

❤ 42 **The Bar Room at the Beekman** – **B8** - *5 Beekman St. - M Fulton St. - (212) 658-1848 - www.templecourtnyc.com - 12h-0h, dim.-lun. 12h-23h.* À côté du restaurant The Temple Court, immersion rétro dans le New York des années 1950 façon *Mad Men* : fauteuils crapaud en velours à franges, lampes en laiton et bibliothèque. Impressionnante carte de cocktails, vins et spiritueux. Le bar est très beau et la clientèle de Financial District intéressante à observer.

Chinatown

Plan de quartier p. 36

38 **The Crown** – **B7** - *50 Bowery - 21st floor - M Grand St. - (646) 639-4901 - www.thecrownnyc.com - 16h-0h, sam. 14h-2h.* Bar rooftop qui propose des cocktails originaux inspirés des saveurs du continent asiatique et plébiscités par la clientèle. Mention spéciale au Empire of the Sun, qui marie avec brio saké et rhubarbe.

NoLita

Plan de quartier p. 36

2 **Rice to Riches** – **B7** - *37 Spring St. - entre Mott et Mulberry Sts. - M Spring St. - (212) 274-0008 - www.ricetoriches.com - 11h-23h, vend.-sam. 11h-1h.* Décor minimaliste acidulé pour une expérience 100 % riz au lait, décliné dans une ribambelle de saveurs et de couleurs.

31 **Eileen's Cheesecake** – **B7** - *17 Cleveland Pl. - angle Kenmare et Centre Sts. - M Spring St. - (212) 966-5585 - www.eileenscheesecake.com - 11h-19h, vend.-sam. 11h-20h.* Les meilleurs cheesecakes de New York, riches et mousseux à souhait ! À choisir parmi une dizaine de parfums.

TriBeCa - SoHo

Plan de quartier p. 31

❤ 5 **Smith & Mills** - **A7** - *71 N. Moore St. - entre Greenwich et Hudson St. - M Franklin St. - ✆ (212) 226-2515 - smithandmills.com - 16h-1h, dim.-lun. 16h-23h - fermé Thanksgiving et 25 déc.* Ce minuscule bar est un ancien abri à calèches doté d'un cachet fou. Même les toilettes sont à visiter, tout en fer forgé ciselé. Savoureux cocktails.

9 **A.R.T. SoHo** - **AB7** - *231 Hudson St. - M Canal St. - ✆ (646) 518-8882 - arlohotels.com/soho - lun.-jeu. 16h-0h, vend.-sam. 16h-1h, dim. 16h-23h.* Rooftop et bar de l'hôtel Arlo SoHo, cette oasis urbaine sert des bières artisanales et des cocktails créatifs. Fresque murale, mur de briques, ampoules Edison suspendues et clientèle SoHo bobo branchée. Vues sur l'Hudson River et Downtown Manhattan.

44 **Two Hands** - **B7** - *251 Church St. - M Franklin St. - www.twohandshospitality.com - 8h-21h (22h w.-end, 16h dim.-lun.).* Presque en face de la singulière tour Leonard, une halte reposante pour un breakfast vitaminé, un déjeuner *healthy* ou une pause smoothie en cours de balade. Plusieurs succursales ailleurs en ville, tout aussi recommandables.

❤ 35 **Grand Banks** - **Hors plan de quartier** - **A7** - *Pier 25 - Hudson River Park - M Franklin St. - ✆ (212) 660-6312 - www.crewny.com - avr.-oct. : 12h-0h, w.-end 10h-0h.* Cette goélette de 1942 est devenue le bar-restaurant de fruits de mer flottant le plus couru de la ville. Si les huîtres sont excellentes (mais avoir une table relève du miracle), on peut se contenter de prendre un verre, en admirant la vue, magnifique, sur le New Jersey et les gratte-ciel du Financial District. Un moment magique au coucher du soleil. Attention, l'attente peut être longue.

Lower East Side

Plan de quartier p. 36

6 **Dudley's** - **C7** - *85 Orchard St. - angle Broome St. - M Delancey St. - ✆ (212) 925-7355 - www.dudleysnyc.com - 9h-0h.* Joli décor bohème et fond sonore jazzy pour ce bar d'angle aux grandes baies vitrées. Cocktails, bières et vins (biodynamiques), et restauration à toute heure, simple et efficace.

7 **Il Laboratorio del Gelato** - **C7** - *188 Ludlow St. - M 2nd Ave. - ✆ (212) 343-9922 - www.laboratoriodelgelato.com - 10h30-22h.* Des glaces crémeuses à souhait et une petite boutique donnant directement sur le « laboratoire », où sont élaborés quelque 75 parfums classiques ou plus originaux. Autre adresse, 56 University Place.

❤ 28 **Mr. Purple** - **C7** - *180 Orchard St. - M 2nd Ave. - ✆ (212) 237-1790 - www.mrpurplenyc.com - 17h-2h, jeu. 17h-3h (vend. 4h), sam. 14h-4h (dim. 2h).* Le rooftop situé au 15e étage de l'hôtel Indigo offre une vue à 360 degrés sur la ville. On peut rester abrité derrière la grande baie vitrée et profiter des scintillements des gratte-ciel sur le sud de Manhattan ou se prélasser sur la terrasse, devant la piscine chauffée (davantage décorative), en sirotant des cocktails d'excellente facture.

37 The Roof – **BC7** - *215 Chrystie St. - bar du Public Hotel - Ⓜ 2nd Ave. - ☏ (215) 735-6000 - www.publichotels.com - 17h-2h, jeu.-sam. 17h-4h.* Le rooftop du Public Hotel offre une vue à 360 degrés sur la skyline de Manhattan : un cadre splendide pour prendre un verre sur les grands sofas de la terrasse au style épuré, tout en profitant du panorama.

Greenwich Village

Plan de quartier **p. 41**

8 Magnolia Bakery – **B6** - *401 Bleecker St. - West 11th St. - Ⓜ Bleecker St. - ☏ (212) 462-2572 - www.magnoliabakery.com - 10h-21h, vend.-sam. 10h-22h.* Une pâtisserie incontournable depuis *Sex and the City*, spécialisée dans les cupcakes, cheesecakes et autres douceurs typiquement américaines, à emporter.

21 Corner Bistro – **B6** - *331 W. 4th St. - angle Jane St. - Ⓜ Bleecker St. - ☏ (212) 242-9502 - cornerbistrony.com - tlj, service continu.* Une institution du Village que ce pub bien patiné où la bière coule à flots les soirs de matchs. Les burgers, bon marché, sont très appréciés.

40 The Doughnut Project – **B6** - *10 Morton St. - Ⓜ Christopher St. - ☏ (212) 691-5000 - www.thedoughnutproject.com - merc.-dim. 9h-14h.* Ici, le doughnut est roi et décliné en une multitude de parfums : yuzu, Prosecco, sésame, beurre de cacahuètes... La boutique, colorée et originale, est à l'image de ses créations. Idéal pour une délicieuse pause sucrée.

East Village - NoHo

Plan de quartier **p. 36**

10 Mudspot – **Hors plan de quartier - C6** - *307 East 9th St. - Ⓜ Astor Pl. - ☏ (212) 529-8766 - www.mudnyc.com - 7h30-22h, w.-end 8h-22h.* Petit café sympathique à toute heure, aussi bien pour un brunch que pour un snack ou l'apéro.

12 Anyway Café – **C7** - *34 East 2nd St. - entre Bowery et 2nd Ave. - Ⓜ 2nd Ave. - ☏ (212) 533-3412 - www.anywaycafe.com - 17h-2h, vend.-sam. 17h-4h.* Entre ambiance russe et tsigane, on y boit de la vodka tout en grignotant des blinis.

22 Ten Degrees – **Hors plan de quartier** - **C7** - *121 St. Marks Pl. - ☏ (516) 400-4147 - www.tendegreesbar.com - 16h-4h, vend. 14h-4h, w.-end 12h-4h.* Bar à vins (et à cocktails) qui joue la carte de la branchitude cool. Déco dans l'air du temps : casiers en bois, murs de briques et matériaux de récupération. Planches de charcuteries et de fromages.

Chelsea - Meatpacking District

Plan de quartier **p. 41**

1 Market 57 at Pier 57 – **Hors plan de quartier** - **A5-6** - *25 11th Ave. - Ⓜ 14th St. - pier57nyc.com/market-57 - 11h-20h.* Amarré au bord de l'Hudson River face à Little Island, le terminal maritime de 1954 s'est récemment transformé en rooftop park urbain avec *food hall* panoramique au rez-de-chaussée, en partenariat avec Google et la James Beard Foundation. Plusieurs stands

Annie Schlechter/Lobby Bar at the Hotel Chelsea

Lobby Bar at the Hotel Chelsea.

de cuisines ethniques, *Harlem Hops* (bières) et un formidable bar à vins, *City Winery*.

32 **Lobby Bar at the Hotel Chelsea** – **B5** - *226 W. 23rd St.* - Ⓜ *23rd St.* - ✆ *(212) 483-1010 - hotelchelsea.com - 7h-2h.* Fermé une longue décennie, le mythique Chelsea Hotel chanté par Leonard Cohen est ressuscité, plus luxe qu'avant mais toujours hanté par cet indélébile esprit bohème arty. Il faut venir prendre un cocktail dans le décor éclectique flamboyant des salons ou au restaurant espagnol *El Quijote* magnifiquement restauré pour convoquer les fantômes du passé, de Jack Kerouac à Patti Smith...

Union Square - Madison Square

❤ 23 **Lillie's** – **C6** - *13 E. 17th St.* - ✆ *(212) 337-1970 - www.lilliesnyc.com - 14h-1h, jeu.-vend. 14h-2h, sam. 11h30-2h, dim. 11h30-1h.* Vitraux, boiseries, antiquités, cheminée monumentale, lustres imposants et comptoir de marbre. Ce bar respire l'élégance de l'époque victorienne, même si la musique indie rock est, elle, franchement contemporaine.

26 **230 Fifth** – **C5** - *230 5th Ave. - proche de W. 27th St.* - Ⓜ *Union Square* - ✆ *(212) 725-4300 - www.230-fifth.com - 16h-0h, vend. 14h-3h, sam. 11h30-4h, dim. 11h30-0h.* Un rooftop recommandé plus pour sa vue admirable sur l'Empire State

Building et les gratte-ciel de Midtown que pour l'originalité de ses cocktails, mais quelle vue...

29 **Old Town Bar** - **C6** - *45 East 18th St. - M Union Square - ✆ (212) 529-6732 - 11h30-0h30, dim. 13h-21h30.* Depuis 1882, ce magnifique bar, l'un des plus anciens de la ville, entretient ses clients. À l'image des plus beaux pubs britanniques, il dégage une vraie âme à travers ses boiseries, ses miroirs et ses lustres.

West Midtown

15 **Sarabeth's** - **D4** - *40 Central Park South - entre 5th et 6th Aves - M 5th Ave. - ✆ (212) 826-5959 - www.sarabethsrestaurants.com - P - 8h-22h (21h dim.).* En bordure de Central Park, idéal pour le petit-déjeuner ou la pause gâteaux. Les pâtisseries sont exquises !

34 **Bar 54** - **C5** - *135 W 45th St. - Hotel Hyatt Centric Times Square New York - M 47th-50th Sts/Rockefeller Center - ✆ (646) 640-3791 - www.hyatt.com - 16h-0h, vend.-sam. 16h-1h.* Musique funky et ambiance seventies pour le plus haut rooftop de la ville. Vues magiques sur les gratte-ciel (mention spéciale pour celle sur le Chrysler Building) et multicolores avec les effets des antennes illuminées. Impressionnant !

East Midtown

43 **The Campbell** - **C5** - *15 Vanderbilt Ave. - M Grand Central. ✆ (917) 209-3440 - www.thecampbellnyc.com - 12h (15h w.-end) jusqu'au soir.* Au cœur de Grand Central, le bureau d'un riche homme d'affaires datant des Années folles, transformé en élégant bar à cocktails : poutres néo-Renaissance et cheminée monumentale qui dissimulait à l'époque le coffre-fort du milliardaire. Une vraie curiosité.

Upper East Side

18 **Serendipity 3** - **D4** - *225 E. 60th St. - entre 2nd et 3rd Ave. - M 59th St. - ✆ (212) 838-3531 - serendipity3.com - 11h-23h, w.-end 10h-23h.* Décor kitschissime pour ce café-glacier-salon de thé qui fait aussi restaurant. Les enfants adorent leurs sundaes géants.

19 **Café Sabarsky at the Neue Galerie** - **E3** - *1048 5th Ave. - M 86th St. - ✆ (212) 288-0665 - www.neuegalerie.org - 9h-21h, lun. 9h-18h - fermé mar.-merc.* Adjacent au musée d'art autrichien, cet élégant café viennois sert de délicieuses pâtisseries.

Morningside Heights

27 **Hungarian Pastry Shop** - **D2** - *1030 Amsterdam Ave. - près de 111th St. - M Cathedral Parkway - ✆ (212) 866-4230 - 7h30-20h30, w.-end 8h30-20h30.* Face à la cathédrale St. John the Divine, un café hongrois datant de 1961, immortalisé dans de nombreux films, notamment ceux de Woody Allen. Ambiance étudiante et littéraire décontractée. Terrasse en été.

Harlem

36 **Sugar Hill Creamery** - **E2** - *184 Malcolm X Blvd. - M 116th St. ✆ (212) 634-9004 - www.sugarhillcreamery.com - selon jour et saison, 12h (ou 15h) à 22 ou 23h.* Excellentes glaces aux saveurs américaines (café-brownie-cacahuètes, cheesecake myrtille...),

très goûteuses et peu sucrées, avec des ingrédients de saison provenant principalement de la vallée de l'Hudson. Quelques places assises et une atmosphère de quartier bien conviviale.

Bronx

Madonia Brothers Bakery – **Hors plan détachable (par G1)** - *2348 Arthur Ave. - ✆ (718) 295-5573 - www.madoniabakery.net - 6h30-19h, dim. 7h-18h.* Cette boulangerie italienne, tenue par la même famille depuis 1918, vend toutes sortes de pains (aux olives, fromage ou jambon) pour le pique-nique, mais aussi de délicieux biscottis et les meilleurs cannolis de Little Italy in the Bronx.

Brooklyn - Williamsburg

❤ (33) **Westlight** – **E7** - *111 N. 12th St. - Ⓜ Nassau Ave. - ✆ (718) 307-7100 - www.westlightnyc.com - 16h-0h, vend. 16h-1h, sam. 12h-2h, dim. 12h-0h.* Certainement le rooftop le plus grandiose de tout New York, perché au 22e étage d'un paquebot de verre et d'acier, le *William Vale Hotel* : vues éblouissantes sur Brooklyn et les gratte-ciel de Manhattan, ambiance cosy et chic, design épuré. Cerise sur le gâteau, les cocktails sont excellents...

(24) **Bar Blondeau** – **E7** - *80 Wythe Ave. - Ⓜ Nassau Ave. - ✆ (718) 460-8006 - www.wythehotel.com - P - 17h-0h, jeu.-vend. 17h-2h, sam. 12h-2h (dim. 0h).* Le rooftop du Wythe Hotel (au 6e étage), petit bijou industrialo-vintage en brique dans ce qui fut jadis un énorme entrepôt. Ambiance yuppies-hipsters décontractée et vue superbe sur Manhattan.

❤ (30) **Radegast Hall & Biergarten** – **D7** - *113 N. 3rd St. - Ⓜ Bedford Ave. - ✆ (718) 963-3973 - radegasthall.com - P - 12h-1h, vend. 12h-4h, sam. 11h-4h, dim. 11h-1h.* Un vrai Biergarten... sans le folklore bavarois mais avec la touche Brooklyn. Deux espaces : un bar tapissé de bois (on y donne des concerts de jazz) et une vaste salle au toit rétractable avec de grandes tablées en bois. Large gamme de bières, bretzels, saucisses et... moules-frites !

Queens

(20) **The Bonnie** – **GH3** - *29-12 23rd Ave. - Ⓜ Ditmars Bd - ✆ (718) 274-2105 - www.thebonnie.com - 16h-0h, vend. 12h-2h, sam. 10h-2h, dim. 10h-0h.* Atmosphère chaleureuse et déco rétro-industrielle pour ce bar-restaurant servant, les classiques américains. Patio extérieur à l'arrière, jardin botanique sur le toit, les herbes servent à la préparation originale des cocktails maison. Très belle carte de spiritueux. Musique live, DJ le week-end.

Shopping

Où acheter ?

Le shopping à New York est mondialement réputé. En résumé, les boutiques de luxe se trouvent sur la 5th et Madison Avenues. Les grands magasins du côté de Midtown et Upper East Side. Les *fashionistas* se donneront rendez-vous à SoHo, Nollta et Greenwich Village ; les fans de street culture et de *sneakers* plutôt à Harlem et Brooklyn. Enfin, les collectionneurs et chineurs flâneront entre Chelsea et TriBeCa. Les **journaux** en ligne (*« Sortir » p. 126*) annoncent dates et sites de soldes.

Que rapporter ?

Les **souvenirs aux couleurs de New York** envahissent les boutiques touristiques autour de Times Square et de la 5th Avenue. Les principales marques américaines (comme celles de jeans) diffusent des modèles introuvables en France. Les meilleures affaires se font à la fin des **soldes**, et toute l'année dans les **magasins spécialisés en fins de série**, comme Century 21, ou encore dans les nombreuses **friperies vintage**, à l'image de la chaîne Beacon's Closet, à la pointe de la mode. Les **magasins de sport** proposent baskets, tee-shirts des équipes américaines et, plus généralement, des articles *streetwear*. Les **boutiques des musées** vendent affiches, copies d'objets, livres d'art. N'oubliez pas de rajouter la taxe de 8,875 %, sauf pour les vêtements et chaussures de moins de 110 $.

Repérez les adresses sur nos plans grâce aux pastilles numérotées (ex. 1). Les coordonnées en rouge (ex. C2) font référence au plan détachable (à l'intérieur de la couverture).

Lower Manhattan

Plan de quartier p. 16-17

1 **Century 21** – **A8** - *22 Cortlandt St. - entre Church St. et Broadway - M Cortland St. - (212) 227-9092 - www.c21stores.com - tlj.* Un immense magasin voué au discount de grandes marques. Il faut fouiller mais on trouve de très bonnes affaires.

2 **Anthropologie** – **A8** - *195 Broadway - M Cortland St. - (212) 385-3647 - www.anthropologie.com - tlj.* Dans le Telephone Buiding, édifice historique des années 1910, les collections de mode femmes et objets de déco bohème chic sont présentés parmi les colonnades en marbre à l'antique, sous les plafonds à caissons et lustres en bronze et albâtre. Presque en face, Urban Outfitters, la ligne plus rock et streetwear de la même maison.

30 **Midtown Comics** – **B8** - *64 Fulton St. - M Fulton St. - (212) 302-8192 - www.midtowncomics.com - tlj.* Un must pour les fans de l'univers Marvel. Tee-shirts et objets dérivés

Chic, du shopping outlet dans New York !

À quelques minutes à pied des ferries de Staten Island, il est enfin possible de faire son shopping outlet sans sortir de New York ! Ces magasins d'usine font le bonheur des voyageurs. Les grandes enseignes américaines sont présentes dans une centaine de boutiques.
En 20mn, le ferry (gratuit) relie Lower Manhattan à Staten Island. Prévoyez votre shopping dans l'après-midi pour pouvoir profiter du coucher du soleil sur la skyline de Manhattan sur le trajet du retour. Magique.
Empire Outlets – *55 Richmond Terrace - Staten Island Ferry Pier - empireoutlets.nyc - tlj.*

célèbrent les super-héros, mais les fans rechercheront avant tout les fanzines et les éditions originales.

TriBeCa

Plan de quartier p. 31

3 Philip Williams Posters – **A7** - *122 Chambers St. - M Chambers St. - (212) 513-0313 - postermuseum.com - fermé dim.* Affiches anciennes à la gloire de stars passées ou de marques mythiques. Styles rétro ou délirants.

15 Canal Street Market – **B7** - *265 Canal St. - M Canal St. - canalstreet.market - 11h-20h.* Un centre dédié à la gastronomie, à l'art, au design, à la mode et à la beauté : 23 espaces thématiques et une superficie de plus de 1000 m^2.

SoHo

Plan de quartier p. 31

5 Prada – **B7** - *575 Broadway - angle Prince St. - M Prince St. - (212) 334-8888 - www.prada.com - tlj.* On vient surtout pour l'architecture hallucinante imaginée par Rem Koolhaas : design aéré et gigantesque vague de bois aux allures de rampe de skateboard !

16 Nike – **B7** - *529 Broadway - M Prince St. - (646) 716-3740 - www.nike.com - tlj.* Écrans géants, œuvres d'artistes new-yorkais, design très soigné, vous voici en immersion chez la célèbre marque. Clou du spectacle : un terrain de basket au cinquième et dernier étage où il est possible d'essayer, en situation, vos prochaines chaussures !

28 Billionaire Boys Club – **B7** - *7 Mercer St. - entre Canal St. et Howard St. - M Canal St. - (212) 777-2225 - www.bbcicecream.com - tlj.* Temple de la culture urbaine branchée né d'une collaboration entre le producteur-artiste hip-hop Pharrell Williams et Nigo, styliste-créateur japonais de la marque Icecream, bien connue des fashionistas. Le nom est provocateur mais la sélection d'articles se veut tous budgets, du t-shirt basique-chic à la paire de baskets griffée ou au gadget collector. La boutique vaut le coup d'œil.

Lower East Side

Plan de quartier p. 36

8 Economy Candy – **C7** - *108 Rivington St. - entre Ludlow St. et Essex St. - M Essex St. - (212) 254-1531 - www.economycandy.com - tlj.* Des rayonnages entiers de bonbons, barres chocolatées et fruits secs, avec ou sans sucre !

(41) **2nd Street** – **C7** - *180 Orchard St. - M 2nd Ave. - ✆ (212) 385-3647 - 2ndstreetusa.com - tlj.* Venue du Japon, cette enseigne de seconde main plutôt jeune et branchée, tente une percée sur le sol américain. Rayons très bien classés, avec pléthore de jeans, t-shirts, sweats, sneakers, siglés parfois de grandes marques. Plusieurs succursales à Manhattan et Brooklyn.

Greenwich Village

Plan de quartier p. 41

(10) **C.O. Bigelow** – **B6** - *414 6th Ave. - entre West 8th et 9th St. - M Christopher St. - ✆ (212) 533-2700 - www.bigelowchemists.com - tlj.* La plus vieille pharmacie des États-Unis (1838) ! Dans un décor complètement rétro, vous y trouverez le meilleur de la cosmétique internationale ainsi que la ligne de produits C.O. Bigelow aux formules ancestrales : baume à la rose, crème à l'extrait de citron, savon à la menthe, huiles essentielles...

(11) **Village Revival Records** – **B6** - *197 Bleecker St. - M West 4th St./Washington Sq. - ✆ (646) 692-9580 - villagerevivalrecordsnyc.com - tlj.* Ce disquaire est une véritable institution dans Greenwich Village. Quels que soient vos goûts musicaux, il y a forcément la pépite que vous cherchez parmi cent mille vinyles ! Demandez au sympathique propriétaire, passionné de musique et incollable sur son stock.

(36) **Murray's** – **B6** - *254 Bleecker St. - entre 6th et 7th Ave. - M Christopher St. - ✆ (212) 243-3289 - www.murrayscheese.com - tlj.* Un lieu de perdition pour tout amateur de fromages qui se respecte. Pas moins de 350 variétés, d'Europe et des États-Unis, à des prix bien américains, eux... Bon à savoir : ils peuvent vous préparer des sandwichs à emporter.

East Village - NoHo

Plan de quartier p. 36

♥ (32) **John Varvatos** – **C7** - *315 Bowery - face à Bleecker St. - M Astor Pl. - ✆ (212) 358-0315 - www.johnvarvatos.com - tlj.* Une boutique de mode (chère) dans l'ancien CBGB, club de rock mythique où ont débuté Blondie et les Ramones ! Certains crieront au sacrilège, les autres iront en pèlerinage. Le styliste a voulu conserver l'esprit du lieu : les murs et la scène sont restés intacts et l'on peut aussi y acheter des vinyles vintage et contemporains.

Chelsea - Meatpacking District

Plan de quartier p. 41

(13) **Dave's** – **B6** - *581 6th Ave. - entre 16th et 17th St. - M 14th St. - ✆ (212) 989-6444 - davesnewyork.com - fermé dim.* Plutôt pour hommes, des jeans et vestes Levi's à des prix défiant toute concurrence (dans des formes classiques type 501) et également un bon choix parmi les marques de vêtements The North Face, Carhartt ou Columbia.

(6) **Pippin Vintage Jewelry** – **B6** - *104 West 17th St. - M 14th St. - ✆ (212) 505-5159 - pippinvintage.com - fermé lun.-mar.* Élégance et charme sont réunis dans cette exquise bijouterie vintage. Couvrant différentes époques et

Façade du célèbre magasin Macy's

R·H·MACY & CO.
MACY'S
MACY'S

styles, les bijoux sont présentés dans des vitrines et meubles de métier d'antan. Camées, bakélite colorée des années 1930, parures en strass années 1950, turquoise et lapis-lazuli Indian Native, bibis et pinces à chapeaux… Un régal à prix très accessibles.

35 **No Particular Hours** – **B6** - *247 West 16th St. - entre 7th et 8th Ave. - M 14th St. - ✆ (212) 645-8157 - www.noparticularhours.com - fermé lun.-jeu.* Installée dans un ancien garage, une brocante décalée et vintage. Vêtements, fripe, meubles, livres, disques vinyles et mappemondes, du choix pour tous les chineurs. Mention particulière aux néons très fifties et à la collection de machines à écrire anciennes.

42 **Dylan's Candy Bar** – **B5** - *20 Hudson Yards, 4th floor - M 34th St.-Hudson Yards - ✆ (646) 661-6094 - www.dylanscandybar.com - 10h-20h, dim. 11h-19h.* Bar à milk-shakes, linéaires de bonbons, sucres d'orge, chocolats… Bienvenue dans le palais de Dame Tartine ! Difficile de résister, quel que soit son âge. On adore les smarties personnalisés.

Union Square

18 **Greenmarket** – **C6** - *angle East 17th St. et Broadway - M 14th St./Union Sq. - www.grownyc.org - fermé mar., jeu. et dim.* Marché fermier bien approvisionné en fruits, légumes, fleurs, miels, fromages, pains et autres gourmandises sucrées ou salées. Une trentaine de producteurs et artisans locaux.

19 **Strand** – **C6** - *828 Broadway - angle 12th St. - M 14th St./Union Sq. - ✆ (212) 473-1452 - www.strandbooks.com - tlj.* Une grande librairie pratiquant des prix cassés : livres d'art épuisés, livres en anglais toutes disciplines confondues, littérature étrangère… Section de livres rares (fermeture à 18h15).

31 **Nordstrom Rack** – **C6** - *60 East 14th St. - M 14th St./Union Sq. - ✆ (212) 220-2080 - www.nordstromrack.com - tlj.* L'enseigne de grands magasins Nordstrom brade ici son stock d'invendus des saisons précédentes à prix réduits. On trouve forcément son bonheur parmi toutes les marques américaines et de créateurs, notamment en chaussures, vêtements, sacs et accessoires.

West Midtown

21 **Macy's** – **C5** - *151 West 34th St. - Herald Sq. - M 34th St./Herald Sq. - ✆ (212) 695-4400 - www.macys.com - tlj.* On trouve de tout chez Macy's, le plus grand magasin du monde, des grandes marques du luxe jusqu'au collier pour chien !

22 **B & H** – **B5** - *420 9th Ave. - près de 34th St. - M 34th St./Penn Sta. - ✆ (212) 444-6515 - ✆ (212) 444-6615 - www.bhphotovideo.com - fermé sam.* Le magasin des pros de l'image. Vaste choix de matériel photo et vidéo.

23 **NBA Store** – **C5** - *545 5th Ave. - 45th St. - M 5th Ave. - ✆ (212) 457-3120 - www.nbastore.eu - tlj.* Maillots, accessoires et gadgets pour les fans de basket.

34 **Hudson Yards** – **B5** - *20 Hudson Yards - M 34th St.-Hudson Yards - ✆ (646) 954-3155 - www.hudsonyardsnewyork.com - tlj.* Ce nouveau centre commercial regroupe une centaine de boutiques (marques américaines et internationales, du

casual au grand luxe) et de nombreux cafés et restaurants. Nous avons apprécié le **Mercado Little Spain**, temple gastronomique ibérique des célèbres chefs **Ferran et Albert Adrià** ainsi que **José Andrés**, dont un des restaurants de Washington DC se distingue par ses 2 étoiles Michelin.

East Midtown

24 **Saks Fifth Avenue** – **C5** - *611 5th Ave. - entre 49th et 50th St. - M 5th Ave. - ✆ (212) 753-4000 - www.saksfifthavenue.com - tlj.* Une enseigne de légende, ouverte en 1924. On y trouve tous les designers et les grandes marques, ainsi que trois espaces de restauration.

Upper East Side

25 **Brooks Brothers** – **E3** - *1180 Madison Ave. - M 86th - ✆ (212) 289-5027 - www.brooksbrothers.com - tlj.* Le tailleur chic, des présidents américains aux acteurs des années 1950 en passant par les businessmen d'aujourd'hui. Chemises sur mesure ou demi-mesure, costumes, cravates...

29 **Bloomingdale's** – **D4** - *1000 3rd Ave. et 59th St. - angle Lexington Ave. - M 59th St. - ✆ (212) 705-2000 - www.bloomingdales.com - tlj.* L'un des grands magasins les plus populaires : on y trouve à peu près tout.

Brooklyn - DUMBO

Plan de quartier **p. 98**

40 **Brooklyn Flea** – **C8** - *80 Pearl St. - brooklynflea.com - sam.-dim. 10h-17h - fermé en hiver.* Ce marché aux puces reflète l'esprit du Brooklyn bohème et branché : tenues vintage, meubles en matériaux de récupération, bijoux faits main... Et des food trucks pour grignoter entre deux achats.

Brooklyn - Williamsburg et Bushwick

37 **Beacon's Closet** – **E7** - *74 Guernsey St. - Williamsburg - M Nassau Ave. - ✆ (718) 486-0816 - beaconscloset.com - tlj.* Friperie géante tout indiquée pour dénicher des vêtements et accessoires vintage pour une poignée de dollars (sacs en cuir Coach à prix dérisoires). Deux autres boutiques à Brooklyn.

12 **The Mini Mall** – **E7** - *218 Bedford Ave. - M Bedford Ave. - tlj.* Une petite galerie commerciale comptant une vingtaine de magasins de vêtements, bijoux, beauté, tous indépendants et locaux. Coup de cœur pour la boutique Rugged Road & Co., vêtements et accessoires vintage pour hommes branchés...

❤ 38 **Space Ninety 8** – **E7** - *98 North 6th St. - Williamsburg - M Bedford Ave. - ✆ (718) 599-0209 - www.urbanoutfitters.com - tlj.* Le concept store de la marque Urban Outfitters est logé dans un entrepôt en fonte et murs de brique rappelant SoHo. Sur plusieurs niveaux, vinyles, objets pop et t-shirts imprimés reflètent l'esprit de Williamsburg.

43 **Urban Jungle** – **F8** - *118 Knickerbocker Ave. - Bushwick - M Morgan Ave. - www.ltrainvintagenyc.com - tlj.* Beaucoup de choix à des prix intéressants dans cette gigantesque friperie bien organisée, prisée des jeunes branchés en quête de trouvailles années 1980.

Sortir

À Manhattan, c'est de **Chelsea à Downtown** que se trouvent les spots les plus animés en soirée. Chacun y trouvera son style. Les **27th et 28th Streets** entre les 10th et 11th Avenues mais aussi **Meatpacking District** et **Greenwich Village** sont devenus les repaires des clubbers avertis. Les boîtes ouvrent ou changent de nom et se démodent tout aussi vite, mais il semblerait que pour quelque temps encore, ces endroits soient les plus fashion pour les fêtards trendy. West Midtown, avec **Broadway** et **Times Square**, est le quartier des théâtres. **Upper West Side** reste incontournable pour les salles de concert de qualité et les lieux de spectacles. Au nord, **Harlem** est le fief du jazz et du blues. C'est aussi ici que vous vivrez une expérience inoubliable en assistant à une authentique messe gospel le dimanche matin (entre 9h et midi). L'office dure 1h environ, alternant prêches et chants (prévoyez de la monnaie pour la quête). Enfin, **Brooklyn** a la cote pour ses restaurants-bars branchés et festifs, les clubs de Williamsburg et les soirées décalées de Bushwick.

Journaux (en ligne) – *New York Magazine*, *Time Out New York* et *The Village Voice* répertorient les concerts, les spectacles et les films.

Kiosques TKTS – *Times Square (West 47th St. entre Broadway et 7th Ave.) et South St. Seaport (angle Front et John Sts) - spectacle matinée : 10h-14h (11h-15h dim.), spectacle soirée 15h-20h (19h le dim.) - arriver au moins 30mn av. l'ouverture*. Billets de spectacles vendus de 25 à 50 % moins cher, pour les représentations du jour ou du lendemain. Règlement en espèces et carte bancaire.

Repérez les adresses sur nos plans grâce aux pastilles numérotées (ex. 1). Les coordonnées en rouge (ex. C2) font référence au plan détachable (à l'intérieur de la couverture).

SoHo

Plan de quartier **p. 31**

1 **SOB's (Sound of Brazil)** – **B6** - *204 Varick St. - près de Houston St. - M Houston St. - (212) 243-4940 - sobs.com - horaire selon programmation.* Ambiance chaleureuse et lumières tamisées, concerts tous les soirs : salsa, samba, reggae ou hip-hop.

19 **Macao** – **B7** - *311 Church St. - M Canal St. - (212) 431-8642 - www.macaonyc.com - 17h-4h, mar.-merc. 17h-2h, dim.-lun. 17h-0h.* Un ancien bar à opium qui fait frémir le Tout-New York. Ne vous fiez pas à l'apparence extérieure : l'opulent décor chinois revisité, l'ambiance électrique et les cocktails inventifs sauront vous convaincre.

Lower East Side

Plan de quartier **p. 36**

2 **The Box** – **C7** - *189 Chrystie St. - M Grand St., Bowery - (212) 982-9301 - www.theboxnyc.com - 23h-4h - fermé dim.-mar.* Ce café-théâtre entend recréer une atmosphère de cabaret : numéros burlesques, contorsionnistes, marionnettes, claquettes... Décapant !

3 **Bowery Ballroom** – **B7** - *6 Delancey St. - M Bowery - (212) 533-2111 - www.mercuryeastpresents.com.* Salle de concerts, l'une des meilleures de New York, et bar, où se produisent les groupes de rock les plus connus comme les nouveaux venus talentueux. Très bonne acoustique.

Greenwich Village

Plan de quartier **p. 41**

5 **Comedy Cellar at the Village Underground** – **B6** - *130 West 3rd St. - près de 6th Ave. - M West 4th St. - (212) 777-7745 - www.comedycellar.com.* C'est l'ancien Gerdes' Folk City, salle légendaire des années 1960-1970 où ont joué Bob Dylan, Joan Baez, Simon & Garfunkel... Club intimiste réputé pour sa programmation éclectique.

22 **Café Wha ?** – **B6** - *115 McDougal St. - entre Bleecker et West 3rd St - M 9th St. - (212) 254-3706 - cafewha.com - tlj sf lun. à partir de 20h.* L'un des cafés-concerts les plus célèbres de la ville. Ouvert dans les années 1950, il a vu débuter Bob Dylan (avec un premier cachet estimé à... 16 $), Jimmy Hendrix, Janis Joplin et tant d'autres. Les poètes de la Beat Generation, dont Ginsberg, y récitaient leurs poèmes et les plus grands humoristes américains s'y sont produits. Mythique, le Café Wha ? reste, de nos jours, un passage obligé pour les futurs talents...

East Village - NoHo

8 **Joe's Pub** – **C6** - *425 Lafayette St. - entre East 4th St. et Astor Pl. - M Astor Pl. - (212) 539-8778 - www.publictheater.org - à partir de 18h.* Un cabaret à l'acoustique impeccable pour des concerts éclectiques (jazz, fusion, world, blues, pop et rock). Alice Coltrane, Norah Jones, Hawksley Workman, Jamie Cullum... et Gad Elmaleh y ont joué.

West Midtown

♥ 10 **Sony Hall** – **C4** - *235 West 46th St. - M 50th St. - (212) 997-5123 - www.sonyhall.com.* Encore méconnue des voyageurs, cette très belle salle de spectacles est sans doute l'un des secrets les mieux gardés de Midtown. Située dans l'enceinte du Paramount Hotel, elle fut autrefois connue sous le nom de Diamond Horseshoe et présentait des shows burlesques et des vaudevilles délirants ! Aujourd'hui, des concerts de tous styles y sont donnés et il est possible de bruncher le dimanche au son d'un concert gospel.

Upper West Side

11 **Beacon Theater** – **C3** - *2124 Broadway - entre 74th St. et 75th St. - M 72th St. - (212) 465-6500 - www.msg.com/beacon-theatre.* Une institution depuis 1928 ! Les plus grands sont passés dans cette modeste salle Art déco, de Bob Dylan à Tina Turner ! Achat des billets sur le site Internet.

Harlem

⑫ **Apollo Theater** – **E1** - *253 West 125th St. - M 125th St. - ✆ (212) 531-5300 - www.apollotheater.org.* LA salle mythique où écouter du jazz, du RnB et de la soul. Les fameux concerts du mercredi (Amateur Night) permettent de découvrir les talents de demain. La communauté noire est profondément religieuse et la messe chantée en gospel du dim. matin (en général 9h et 11h) est un passage obligé. Certaines églises baptistes acceptent un nombre limité de touristes, en général placés au balcon, mais il faut arriver tôt. Adoptez une tenue décente et une attitude respectueuse. Prévoyez de la monnaie pour la quête et évitez de partir en cours d'office.

⑬ **Canaan Baptist Church** – **E2** - *132 West 116th St. - près d'Adam Clayton Blvd - M 116th St. - ✆ (212) 866-0301 - fcbcnyc.org - dim. à partir de 10h.* Celle que l'on vous recommande, pour la qualité du gospel.

㉓ **First Corinthian Baptist Church** – **E2** - *1912 Adam Clayton Blvd - angle de 116th St. - ✆ (212) 864-5976 - fcbcnyc.org - P limité - mar. et dim., horaires se rens.* Grande église au décor coloré. La musique déménage et les prêches sont musclés !

Brooklyn - Williamsburg

⑮ **Brooklyn Bowl** – **E7** - *61 Wythe Ave. - M Nassau Ave. - ✆ (718) 963-3369 - www.brooklynbowl.com - à partir de 18h, w.-end à partir de 11h - fermé lun.-mar.* Outre les seize pistes de bowling *(25/30 $/30mn, loc. chaussures 5 $)*, ce club possède une salle de concerts. Soirées à thème, karaoké, DJ, concerts rock. Un lieu éclectique pour une expérience originale.

⑯ **Union Pool** – **E7** - *484 Union Ave. - M Lorimer St. - ✆ (718) 609-0484 - www.union-pool.com - 16h-2h, vend. 16h-4h, sam. 14h-4h, dim. 14h-2h.* À la fois bar et salle de concerts, cet incontournable de Williamsburg ne se démode pas. Union Pool séduit aussi grâce à son grand jardin éclairé de guirlandes, où l'on peut se ravitailler en cuisine mexicaine au El Diablo Taco Truck.

Se loger

Voici le poste le plus important de votre budget ! **Les prix varient** selon la saison et l'affluence touristique. N'oubliez pas de rajouter les taxes et les pourboires *(p. 139 et 140)*. Vous pouvez réserver « vol + hôtel » auprès de voyagistes *low cost* *(p. 136)* ou réserver directement *via* les sites Internet des hébergements. Si vous aimez sortir, préférez les quartiers situés entre Canal St. et la 30th St., et West Midtown. Lower Manhattan se vide le soir. Certains hôtels des zones touristiques facturent un **Destination Fee** journalier qui inclue le wifi et l'accès au fitness. Sauf mention contraire, le **petit-déjeuner** () est en supplément du prix de la chambre, comme la plupart du temps aux États-Unis.

Repérez les adresses sur le plan détachable (à l'intérieur de la couverture) grâce aux pastilles numérotées (ex. 1). Les coordonnées en rouge (ex. D2) font référence à ce même plan.

Lower Manhattan

Plan de quartier **p. 16-17**

Plus de 300 $

32 **Gild Hall, a Thompson Hotel** – **B8** - *15 Gold St. - M Fulton St. - (212) - 232-7700 - www.hyatt.com/thompson-hotels/lgatg-gild-hall - - 130 ch. 300-500 $.* Au cœur du Financial District historique, confort, charme et élégance cossue très Ralph Lauren, avec des matériaux masculins et du mobilier aux lignes épurées Mid-Century. Bar à vins et bon restaurant italien.

TriBeCa

Plan de quartier **p. 31**

De 180 à 500 $

37 **Walker Hotel Tribeca** - *77 Walker St - M Canal St. - (212)-735-8000 www.walkerhotels.co - - 180-500 $.* Un hôtel bien placé, dans un vieil immeuble, à l'ambiance bohème et décontractée. Les chambres sont intimes, petites et minimalistes. Coffee shop, réception et restaurant occupent un rez-de-chaussée où il est agréable de se reposer. Musique live au Saint Tuesday, le club au sous sol, et beau rooftop.

Plus de 1000 $

31 **The Greenwich Hotel** – **A7** - *377 Greenwich St. - M Franklin St. - (212) 941-8900 - www.thegreenwichhotel.com - - 88 ch. et suites 1035/1185 $.* C'est le coup de folie de notre sélection. Un écrin exclusif, mêlant chic et sobriété. Les habitués et New-Yorkais connaissent bien l'adresse, copropriété de Robert de Niro. Atmosphère cocooning luxe et salon intimistes, chambres plus que confortables, magnifique piscine et spa zen. Le plus grand risque est de s'habituer à ce havre de paix (restaurant *Locanda Verde* *p. 106*).

SoHo

Plan de quartier p. 31

De 300 à 500 $

17 Hotel Hugo – A7 - *525 Greenwich St. - M Spring St. - (212) 608-4848 - www.hotelhugony.com -* ✕ *- P payant - ♿ - 122 ch. 269/579 $* ☕. Niché dans un coin tranquille de SoHo, ce bel hôtel confidentiel rappelle un luxueux paquebot de croisière. Boiseries laquées, lignes épurées, décoration sobre et élégante. Superbe rooftop *Azul on the Rooftop*.

Plus de 700 $

8 The Mercer – B7 - *147 Mercer St. - angle Prince St. - M Prince St - (212) 966-6060 - mercerhotel.com -* ✕ *- P payant - ♿ - 75 ch. 695/795 $*. Mini-lofts à la déco soignée, signée Christian Liaigre, et service impeccable : un must !

Lower East Side

Plan de quartier p. 36

De 300 à 500 $

11 CitizenM Bowery – B7 - *189 Bowery - M Bowery - (212) - 372-7274 - www.citizenm.com - 300 ch. 300-500 $*. Un concept d'hôtel urbain branché avec des parties communes conviviales au design pop. Celui-ci est stratégiquement situé entre Chinatown, SoHo et NoLita, idéal pour rayonner à pied et sortir le soir. Petites, les chambres restent ergonomiques, très confortables et ultra connectées, certaines avec belle vue. Empruntez l'escalier pour découvrir un musée du street art sur 20 niveaux ! Au 19e, fabuleux rooftop, le *cloudM*.

9 Off Soho Suites Hotel – B7 - *11 Rivington St. - M Bowery - (212) 979-9815 - www.offsoho.com - ♿ - 38 studios et appart. (2-4 pers.) 263/407 $*. Une façon relativement économique de se loger dans des appartements équipés d'une cuisine et dotés d'un centre de fitness. Seconde adresse dans l'East Village.

Greenwich Village

Plan de quartier p. 41

De 200 à 500 $

14 Walker Hotel Greenwich Village – B6 - *52 West 13th St. - M 14th St. - (212) 375-1300 - www.walkerhotels.com - P payant - 113 ch. 263/566 $* ☕ *-* ✕ *plats 25/37 $*. Joli boutique-hôtel de style Art déco au lobby agréable. Chambres élégantes à la décoration rétro, certaines offrant de belles vues sur le Village, SoHo et Downtown. Brunchez ou dînez au Society Cafe.

❤ **18 The Marlton Hotel – B6** - *5 West 8th St. - M 9th St. - (212) 321-0100 - www.marltonhotel.com - 112 ch. 288/565 $* ☕ *-* ✕. Adresse de charme typique du Village, dans un édifice historique. Jadis repaire d'artistes, l'hôtel a reçu Jack Kerouac et Julie Andrews, et continue d'attirer une clientèle branchée. Chambres plutôt petites, mais décorées avec goût, moulures et parquet.

East Village - NoHo

De 350 à 500 $

29 Hotel on Rivington – Plan de quartier p. 36 - C7 - *107 Rivington St. - M Delancey St./Essex St. - (212) 475-2600 - www.hotelonrivington.com -* ✕ *- P payant -*

♿ - *100 ch. 345/530 $.* L'adresse est tendance et moderne. Bar et café-restaurant très prisés des New-Yorkais le week-end. Les chambres contemporaines offrent des vues surplombant Lower East Side, les skylines de Downtown ou Midtown.

De 500 à 800 $

(2) **The Bowery Hotel** – **C7** - *335 Bowery - Ⓜ Bleecker St. - ✆ (212) 505-9100 - www.theboweryhotel.com - 🅿 payant - ♿ - 135 ch. 491/801 $.* Tout le charme de la Vieille Europe est réuni dans cet hôtel confidentiel prisé des stars du cinéma en quête de discrétion. Certaines chambres ont une terrasse avec vue sur la ville. Délicieux restaurant italien au décor pittoresque, *Gemma*.

Chelsea - Meatpacking District

De 200 à 400 $

(16) **Chelsea Savoy** – **B5** - *204 West 23rd St. - Ⓜ 23rd St. - ✆ (212) 929-9353 - www.chelseasavoynyc.com - ♿ - 98 ch. 179/265 $.* Situé près des transports en commun, un hôtel confortable, assez impersonnel mais bien équipé. Les chambres des premiers étages, côté rue, peuvent être bruyantes.

❤ (27) **Fairfield Inn & Suites New York** – **C5** - *116 West 28th St. - à l'angle de Ave. of the Americas - Ⓜ 28th St. - ✆ (212) 206-0998 - www.fairfield.marriott.com - 🅿 payant - ♿ - 110 ch. 243/467 $ ☕.* Un excellent hôtel, particulièrement bien situé. Les

Annie Schlechter/The Bowery Hotel

The Bowery Hotel.

chambres sont de bonne taille, propres et sobrement décorées avec du mobilier en bois, et le petit-déjeuner est copieux.

De 300 à 700 $

35 **The Chelsea Hotel** – **B5** - *226 W. 23rd St. - M 23rd St. - ✆ (212) 483-1010 - hotelchelsea.com - 200 ch. 300-700 $.* Qui n'a pas rêvé de dormir dans cet hôtel de légende, refuge des plus grands écrivains et artistes ? La restauration enfin achevée lui a redonné son panache sans le déparer de son caractère bohème chic. Exquises, les chambres disposent pour certaines de leur propre balcon en fer forgé. Somptueux bar et restaurant espagnol au décor centenaire superbement mis en valeur (*p. 117*). Un lieu unique pour une clientèle stylée.

Madison Square

De 300 à 600 $

4 **The Evelyn** – **C5** - *7 East 27th St. - entre Madison et 5th Ave. - M 28th St. - ✆ (212) 453-4040 - www.theevelyn.com - ✕ - P payant - ♿ - 159 ch. 332/619 $* ☕. La façade flamboyante et le décor coloré sont l'un des atouts de cet hôtel qui attire beaucoup de jeunes artistes et de professionnels de la mode.

5 **Ace Hotel** – **C5** - *20 West 29th St. - M 28th St. - ✆ (212) 679-2222 - www.acehotel.com/new-york - ✕ - 250 ch. 311/487 $.* Cet établissement branché dans le quartier de NoMad attire à la fois clientèle chic, artistes et voyageurs. Décoration rétro et décalée, chambres au style béton brut, mobilier recyclé et aménagements funky : disques vinyles et platines, frigos Smeg, guitare. Bar et coffee-shop des torréfacteurs Stumptown.

West Midtown

De 250 à 500 $

33 **Margaritaville Resort Times Square** – **C5** - *560 7rth Ave. - M Times Sq./42nd St. - ✆ (212) 221-3007 - www.margaritavilleresorts.com - 235 ch. 250-500 $.* Inattendu à Times Square, un resort tropical dans un building de 30 étages avec piscine extérieure, tiki bar polynésien et tong géante à l'entrée ! Petites mais reposantes avec leurs touches de turquoise sur fond blanc, les chambres arborent un style caribéen typiquement Key West (literie exceptionnelle). Celles des étages élevées ont des vues sur Hudson Yards ou Times Square.

23 **Ameritania at Times Square** – **C4** - *230 West 54th St. - M 7th Ave. - ✆ (212) 247-5000 - ✕ - ameritanianyc.com - 219 ch. 255/427 $.* Ce joli boutique-hôtel alterne design contemporain et décoration rétro colorée. Les chambres sont chaleureuses et confortables mais de superficie variable. À deux pas du Rockefeller Center et du Carnegie Hall.

28 **RIU Plaza New York Times Square** – **C4** - *305 West 46th St. - M 49th St. - ✆ (646) 864-1100 - www.riu.com - 647 ch. 385/528 $.* Gratte-ciel de 29 étages, situé tout près de Times Square et des théâtres de Broadway. Style contemporain, chambres agréables et fonctionnelles.

East Midtown

De 300 à 500 $

6 **Library Hotel** – **C5** - *299 Madison Ave. - M Grand Central - ✆ (212) 983-4500 - libraryhotel.com - ✕ ♿ - 60 ch. 333/540 $.* Élégant, chaleureux, calme

et rempli de livres (plus de 6 000 !), clin d'œil à la NY Public Library en face. Superbe terrasse.

Upper East Side

Plus de 600 $

❤ 25 **Loews Regency** – **D4** - *540 Park Ave. - M Lexington Ave. - ✆ (212) 759-4100 - www.loewshotels.com - P payant - ♿ - 379 ch. et 58 suites, 576/920 $* ☕. L'un des meilleurs de sa catégorie, proche de Central Park et du Met. Chambres spacieuses et lumineuses, restaurant prisé, fitness, spa et coiffeur réputé, où le Tout-Manhattan se presse.

Upper West Side

De 400 à 500 $

❤ 21 **Hotel Beacon** – **C3** - *2130 Broadway - à l'angle de 75th St. - M 72th St. - ✆ (212) 787-1100 - www.beaconhotel.com - P payant - ♿ - 278 ch. et suites 399/555 $ - ☕ 30 $.* Une valeur sûre, sympathique et chaleureuse, tout près du musée d'Histoire naturelle et de Central Park. Chambres et suites sont équipées de salon et coin cuisine, idéales en famille.

Brooklyn - DUMBO

Plan de quartier **p. 98**

De 500 à 800 $

❤ 22 **1 Hotel Brooklyn Bridge** – **B8** - *60 Furman St. - ✆ (347) 696-2500 - www.1hotels.com/brooklyn-bridge - ✕ 🏊 ♿ - 194 ch. 538/799 $.* Au bord de l'East River, cet hôtel de luxe écoresponsable combine béton brut, bois, matériaux recyclés et environnement végétalisé. Côté papilles, le restaurant *The Osprey* sert une cuisine de la ferme à l'assiette. Mais le vrai plus, c'est ce rootop d'anthologie, avec bar, piscine et vues panoramiques sur Brooklyn Bridge, Downtown Manhattan et la statue de la Liberté.

Brooklyn - Williamsburg

De 250 à 500 $

36 **Moxy Brooklyn Williamsburg** – **D8** - *353 Bedford Ave. - M. Marcy Ave. - ✆ (718) 782-6699 - www.marriott.fr - 216 ch. 250-500 $.* Design original et hype, chambres compactes bien étudiées, restaurant israélien festif inspiré du Bauhaus de Tel-Aviv, night-club et incroyable rooftop avec mobilier aborigène, cuisine Asian Fusion et vue insolite sur le pont de Williamsburg, son métro et la skyline... Le dernier-né de l'enseigne Moxy cumule les atouts, attirant aussi bien les touristes que les habitants du quartier venus coworker ou savourer un cocktail.

13 **The Hoxton** – **E7** - *97 Wythe Ave. - M Bedford Ave. - ✆ (718) 215-7100 - thehoxton.com - ✕ - 175 ch. et suites 301/565 $ - ☕ 30 $.* Ultra trendy et cultivant le style historico-industriel raffiné typiquement brooklynite. Chambres avec vue et deux restaurants dont un rooftop à la vue panoramique.

24 **The Williamsburg Hotel** – **E7** - *96 Wythe Ave. - M Bedford Ave. - ✆ (718) 362-8100 - www.thewilliamsburghotel.com - ✕ 🏊 - 150 ch. et suites 255/490 $ - ☕ 20 $.* Une des adresses les plus convoitées de Williamsburg, pour son caractère industriel et ses vues sur Manhattan. Rooftop-bar dans une citerne et belle piscine haut perchée elle aussi. Restaurant prisé *(➜ p. 112)*

CARNET PRATIQUE

Le ferry de Staten Island devant la statue de la Liberté.
FrankvandenBergh/Getty Images Plus

Préparez votre voyage

Formalités d'entrée

Afin de préparer votre voyage, il est vivement conseillé de consulter les sites de conseils aux voyageurs de votre pays : www.diplomatie.gouv.fr, diplomatie.belgium.be, www.eda.admin.ch, www.voyage.gc.ca.

Pièce d'identité – Pour entrer aux États-Unis sans visa, il faut un passeport **biométrique** en cours de validité et une autorisation électronique de voyage ESTA (esta.cbp.dhs.gov). En cas de doute, consultez le site de l'ambassade des États-Unis : **fr.usembassy.gov/fr**.

Visa – Si vous possédez un passeport agréé et séjournez pour affaires ou loisirs pendant **moins de trois mois**, le visa n'est pas nécessaire. Il est obligatoire dans le cas contraire et si votre séjour prévoit l'exercice d'une activité professionnelle.

ESTA (Electronic System for Travel Authorization) – Il est obligatoire, pour les voyageurs sans visa, de remplir au plus tard 72 heures avant le départ une **demande d'autorisation de voyage électronique (ESTA)**. Ce formulaire payant (21 $) valable 2 ans est à remplir en ligne, exclusivement sur le site officiel (**esta.cbp.dhs.gov**).

Douane – Armes, drogues, produits végétaux et alimentaires et certains médicaments sont interdits sur le sol américain. Sont autorisés : 1 l d'alcool (pour les plus de 21 ans), 200 cigarettes, 50 cigares ou 2 kg de tabac à fumer. Les cadeaux doivent représenter une somme inférieure à 100 $ (conservez vos factures).

Autres pièces à fournir – Un **billet aller-retour**, avion ou bateau, et une **adresse** de séjour. Les appareils électroniques ne doivent pas être déchargés.

Se rendre à New York

Pour en savoir plus sur les **aéroports**, voir « Arriver à New York » (*p. 3*).

Les compagnies aériennes régulières

Air France – ✆ 36 54 (0,35 €/mn) - www.airfrance.fr.

American Airlines – ✆ 0 821 980 999 (0,12 €/mn) - www.americanairlines.fr.

Delta Airlines – ✆ 0892 702 609 - www.delta.com.

Icelandair – ✆ 01 44 51 60 51 - www.icelandair.fr.

JetBlue - ✆ 0800-904176 - www.jetblue.com/fr - JetBlue dessert New York JFK tous les jours depuis Roissy CDG et propose une expérience en vol unique : Wifi haut débit gratuit illimité, repas sur mesure inclus, arrivée ultra rapide à JFK.

KLM – ✆ 0 892 702 608 (0,35 €/mn) - www.klm.fr.

United – ✆ 01 71 23 03 35 - www.united.com/fr.

Les compagnies aériennes low cost

Norse Atlantic Airways – www.flynorse.com. Nouvelle compagnie

norvégienne opérant des vols directs quotidiens au départ de Paris-Orly, avec une classe Premium de grand confort à prix concurrentiels.
Frenchbee – ✆ 0 825 205 205 (0,20 €/mn) - www.frenchbee.com. Vols directs au départ de Paris-Orly.

Agences low cost

E-Dreams – www.edreams.fr.
Easy Vols – www.easyvols.fr.
Expedia – www.expedia.fr.

Argent

Le **dollar** ($) se divise en 100 **cents**. Billets de 1, 5, 10, 50 et 100 $, pièces de 1, 5, 10, 25 et 50 cents. Un *dime* vaut 10 cents, un *quarter* 25 cents. **Taux de change** : environ 1 $ pour 0,92 € (mai 2023).
Cartes de crédit – Acceptées, sans seuil de paiement. Le taux de change est celui du jour de la transaction, auquel s'ajoute une commission.
Distributeurs de billets (ATM) – Présents partout, ils appliquent le taux de change du moment de la transaction, et prélèvent une commission forfaitaire. Il est plus rentable de retirer une grosse somme.

Assurance santé

Ne faites surtout pas l'économie d'une assurance santé, car les frais montent très vite. Les tour-opérateurs proposent en général une police d'assurance très complète. Renseignez-vous aussi auprès de votre banque, certaines cartes bancaires donnant droit à une couverture à l'étranger. Les mutuelles disposent généralement de ce service. Faites-vous préciser quelle est la marche à suivre en cas de maladie ou d'accident, et quels sont les formulaires à remplir.

Saisons

New York jouit d'un climat continental tempéré, plutôt humide, caractérisé par une amplitude thermique élevée.
Été – Les températures moyennes tournent autour de 30 °C la journée, un peu en dessous de 20 °C la nuit.
Hiver – Froid et humide avec quelques belles journées ensoleillées. En décembre-février, les températures peuvent chuter bien au-dessous de 0 °C. L'hiver n'est vraiment rude que lorsque souffle le blizzard, accompagné de neige.
Printemps et automne – Douceur, entre 15 et 25 °C. La transition mai-juin est des plus agréables. À l'automne, aux couleurs de l'été indien, c'est le début de la saison culturelle, du shopping et des fêtes (Halloween, Thanksgiving).
Précipitations – Réparties sur l'année ; emportez un parapluie.

Pour en savoir plus

Sites Internet

Ville de New York – www.nyc.gov.
Restaurants, agenda des sorties – www.timeout.com/newyork, www.nymag.com, www.nytimes.com, www.villagevoice.com.

Offices de tourisme

Office de tourisme – www.nycgo.com.
Official NYC Information Center at Macy's Herald Square – 151 W. 34th St. - lun.-sam. 10h-22h, dim. 10h-21h.

Votre séjour de A à Z

Banques

Le réseau bancaire assure la présence de nombreux distributeurs.
🅖 *« Argent », p. 137 et « Horaires », ci-après.*

Bateau

🅖 *« Transports en commun/Bateau », p. 142*

Water Taxi

Les vedettes jaunes du New York Water Taxi vous transportent sur l'Hudson et l'East River, autour de la moitié sud de Manhattan, pour des groupes de plus de 30 personnes.

Water Taxi - Pier 83, West 42nd St. et 12th Ave. - ✆ 212 742 1969 - www.nywatertaxi.com.

Les autres lignes maritimes

Pour **Staten Island**, le ferry (gratuit, 24h/24 toutes les 30mn) part de South Ferry Battery Park (*🅖 p. 24).*

Consulats

Consulat de France - 934 5th Ave., entre 74th et 75th Sts - ✆ 212 606 3600 - www.newyork.consulfrance.org - lun.-vend. 9h-13h, 14h-17h (seult sur RV).
Consulat de Belgique - 885 2nd Ave., 41st floor - ✆ 212 586 5110 - www.unitedstates.diplomatie.belgium.be - lun.-vend. 9h-12h (sans RV).
Consulat de Suisse - 633 3rd Ave., 30th floor - ✆ 212 599 5700 - www.swissemb.org - lun.-vend. 9h-12h (seult sur RV).

Décalage horaire

New York vit à l'heure de l'Eastern Stantard Time (EST), en avance de **6h** sur Paris, Berne et Bruxelles : quand il est midi en France, il est 6h du matin de l'autre côté de l'Atlantique.
Le passage à l'**heure d'été** se fait le premier dimanche d'avril, et celui à l'**heure d'hiver** le dernier dimanche d'octobre. L'heure n'est chiffrée que de 0 à 12, suivie de « am » *(ante meridiem)* le matin et « pm » *(post meridiem)* l'après-midi.

Électricité

Les prises américaines sont différentes des prises françaises : les adaptateurs sont vendus dans les aéroports. Courant à 110 volts.

Horaires

Magasins - Lun.-sam. 10h-19h, parfois jusqu'à 20h. Grands magasins ouverts dim. Épiceries et drugstores souvent ouverts 7j/7 10h-22h ou plus.
Banques - Lun.-vend. 9h-15h30, parfois sam. 9h-12h.
Pharmacies - Duane Reade, enseigne répandue, est ouverte 24h/24.
Poste - Lun.-vend. 8h30-17h ou 18h, sam. matin horaires variables. Le Central Post Office (441 8th Ave.) reste ouvert 24h/24.

Internet

Restaurants, cafés, bars et hôtels proposent presque tous le Wi-Fi. Il est aussi possible de se connecter dans les parcs et le métro. New York dispose de bornes au Wi-Fi ultrapuissant et gratuit, auxquelles on peut aussi recharger son téléphone (www.link.nyc).

Jours fériés

New Year's Day : 1er janvier.
Martin Luther King Jr.'s Birthday : 3e lundi de janvier.
Presidents Day : 3e lundi de février.
Memorial Day : dernier lundi de mai.
Independence Day : 4 juillet.
Labor Day : 1er lundi de septembre.
Colombus Day : 2e lundi d'octobre.
Veterans Day : 11 novembre.
Thanksgiving Day : 4e jeudi de novembre.
Christmas Day : 25 décembre.

Poste

Tarif du timbre : 1,45 $ pour une carte postale ou pour une lettre (28 g maximum). Prévoir une semaine d'acheminement pour l'Europe.

Pourboire

Sauf si le service est déjà inclus (cas très rares) ou s'il se fait au comptoir (plus fréquent), on laisse au restaurant un *tip* (ou *gratuity*) correspondant à 15 à 20 % de la note. Dans les hôtels, pensez à donner au porteur (1 à 2 $/bagages) et à la femme de chambre (1 à 5 $/j).

Presse

Quotidien – Le *New York Times* présente, chaque vendredi, le programme des sorties.
Magazines – *Time Out New York* et *New York Magazine*, hebdomadaires au goût du jour (publiés le mardi), recensent sorties et derniers endroits à la mode. *The New Yorker*, quant à lui, est célèbre pour la qualité de son style, ses couvertures illustrées par des dessinateurs de renom et ses positions démocrates.

Restauration

On mange à toute heure à New York : petit-déjeuner *(breakfast)* robuste dès 7h et déjeuner léger *(lunch)* pris sur le pouce, le dîner *(dinner)* restant le repas principal de la journée (de 17h à 22 ou 23h). Le week-end, le **brunch** sert de petit-déjeuner et de déjeuner (entre 10h et 16h). Des petits stands à bretzels ou à hot dogs, des fast-foods ou des snacks de *street food* basique (indienne ou mexicaine, à moins de 20 $), on passe aux **restaurants**, divisés en quatre catégories : les restaurants ethniques, ceux de cuisine populaire américaine, les adresses branchées et les tables gastronomiques (plus de 100 $). Pour 35-40 $, il existe des formules *Early Bird* ou *Pre-Theater Menu* servies tôt le soir, entre 17h et 19h ou 19h30. Les **boissons** sont chères, en particulier les vins, proposés au verre (12 à

Pas de panique !

Pompier, police, ambulance 24h/24 : ✆ 911.
Santé : le consulat français dispose d'une liste de médecins francophones à consulter via https://newyork.consulfrance.org.
« Assurance santé », p. 137.

20 $). N'oubliez pas de rajouter la taxe (8,875 %) et le pourboire (15-20 %). Lorsque vous entrez dans un restaurant, attendez d'être placé. En partant, vous pouvez emporter vos restes ou votre bouteille entamée.
La plupart des **épiceries** ont un rayon traiteur en libre-service, proposant salades ou plats chauds, parfois au poids.
« Pourboire », p. 139 et « Nos adresses/Se restaurer », p. 104.

Savoir-vivre

Les Américains se serrent la main et se donnent l'accolade (ils ne s'embrassent pas). Les effusions amoureuses restent discrètes en public. On se salue d'un « Hello ! » ou « Hi ! ». Pour dîner, arrivez plutôt à 19h qu'à 20h30. Ne vous offusquez pas si votre hôtesse n'ouvre pas votre cadeau, cela fait partie des bonnes manières américaines. En revanche, si c'est une bouteille de vin, elle sera consommée sur-le-champ. Au restaurant, les convives se partagent la note. Si vous êtes invité, payez le pourboire. Les tenues débraillées sont assez mal vues le soir. Évitez de fumer quand vous êtes invité chez quelqu'un, sauf si votre hôte vous le propose. Attention aux sujets qui fâchent (religion, politique). Si vous devez faire la queue, ne cherchez pas à gagner quelques places. Et dans un magasin ou à la poste, attendez dans la file que l'on vous appelle (la caissière criera « Next ! »).

Tabac

Il est interdit de fumer dans les transports et les lieux publics, les restaurants et les bars.
Les cigarettes, chères, sont en vente dans les drugstores, les épiceries et les kiosques. Leur prix varie en fonction des quartiers.

Taxes

Les prix sont toujours donnés hors taxes (y compris dans ce guide). Taxe et pourboire gonflent l'addition de 25 à 30 %. Dans les hôtels, la taxe est de 14,75 %. Pour les restaurants et tous les autres produits et services (déco, location de vélos, etc.), elle est de 8,875 %. Les vêtements ne sont pas taxés en dessous d'un total de 110 $.

Taxi

Les mythiques taxis jaunes sont en voie de disparition, intégrés désormais aux plateformes VTC comme Uber. Sans passer par une **appli de réservation** (Uber, Lyft ou Curb), il devient d'ailleurs de plus en plus compliqué de héler un taxi directement dans la rue (ils sont libres si leur numéro lumineux sur le toit est allumé).
Prise en charge initiale – 3 $.
Compteur – 0,50 $ par 0,2 mile (320 m), ou 0,50 $/mn arrêtées ou très ralenties.
Heure de pointe – lun.-vend. 16h-20h, suppl. 1 $/course.
Nuit – 20h-6h, suppl. 0,50 $/course.
Taxe municipale – 0,50 $/course.
Pourboire – 15 à 20 % en sus (non obligatoire mais fortement recommandé).
Nombre de passagers maximum : 4.
« Arriver à New York », p. 3.

Téléphone

De l'étranger vers New York

Pour appeler à New York, composez le 1 suivi de l'indicatif, puis les 7 chiffres du numéro du correspondant. Pour Manhattan, l'indicatif est 212, 646 ou 917. Pour les autres *boroughs* (Brooklyn, Bronx, Queens et Staten Island), c'est le 718. Les numéros précédés de 800 ou 1800 sont gratuits *(toll-free)* à l'intérieur des États-Unis. Il est désormais possible de les utiliser depuis l'étranger en les remplaçant par 880 ou 881.

De New York vers l'étranger

Pour appeler l'Europe, composez le 011 suivi de l'indicatif du pays (France 33, Belgique 32, Suisse 41), puis le numéro du correspondant sans le 0 initial. Pour obtenir l'aide d'une opératrice (en anglais), passez par le 0.

De New York à New York

Composez directement l'indicatif suivi des 7 chiffres du numéro du correspondant. Renseignements : 411.

Téléphones portables – Pour que votre portable fonctionne, il doit être de type tribande ou quadribande. Avant votre voyage, contactez votre opérateur pour connaître ses tarifs aux États-Unis. Certains incluent les États-Unis dans leurs forfaits sans surcoût. Sinon, vous pouvez investir dans une carte SIM américaine, placez-la dans votre téléphone français, puis rechargez-la avec des cartes prépayées. Tous les opérateurs proposent ce genre de système, en vente dans les épiceries, drugstores, kiosques, magasins de téléphonie. N'oubliez pas que vous paierez aussi pour chaque appel reçu.

Toilettes

Il existe peu de toilettes publiques *(rest rooms)*. Vous en trouverez dans les parcs et dans certains magasins.

Transports en commun

C'est la solution la plus économique et la plus rapide. Le réseau des transports – bus, métro et trains de banlieue – est administré par MTA (Metropolitan Transportation Authority) : **www.mta.info**. Demandez les plans de bus *(Bus Map)* dans une station de métro.

Plan de métro au dos du plan détachable.

Métro

Tickets et tarifs – Le ticket (2,75 $) vaut pour un seul trajet et ses correspondances. Il est périmé une fois que vous êtes sorti de la station.

La **Pay-Per-Ride MetroCard** d'une valeur allant 5,50 à 80 $ (+ 1 $ pour la carte elle-même). Elle autorise le transfert vers le bus, est rechargeable autant de fois que l'on veut (5 % de bonus à chaque crédit supplémentaire de 5,50 $). Elle peut être utilisée par 4 personnes maximum.

L'**Unlimited Ride MetroCard** existe en 7-Day (33 $) et 30-Day (127 $) : accès illimité au métro et au bus.

Se repérer dans le métro –Les lignes ont un numéro ou une lettre. Pour savoir quel quai emprunter, c'est soit la **direction** qui compte (Downtown, Uptown), soit la **destination** (Brooklyn). Attention aux panneaux : pour certaines stations, une entrée séparée est affectée à chaque direction, et une fois passé avec votre ticket, il ne sera plus valable dans l'autre sens si vous vous êtes trompé. Des lignes sont omnibus *(local)*, d'autres *express* : un haut-parleur donne la précision avant l'arrivée du métro. Plusieurs lignes peuvent utiliser le même quai : regardez bien le **numéro** ou la **lettre** affichés en tête du train et sur le côté des rames. Si vous vous trompez d'arrêt et que vous franchissez le tourniquet, vous devrez attendre 18mn avant de pouvoir réutiliser votre carte.

Les métros circulent **24h/24**, toutes les 2 à 5mn aux heures de pointe (7h30-9h, 17h-18h30) et jusqu'à 20mn entre 0h et 6h30. Certaines stations sont fermées la nuit.

Sécurité – Depuis la pandémie de Covid, la prudence s'impose en dehors des heures de grosse fréquentation.

Bus

La tarification est la même que pour le métro. Les MetroCard sont donc également valables dans les bus. Les lignes se distinguent par un **numéro**. La lettre qui le précède indique le *borough* d'appartenance : M pour Manhattan, B pour Brooklyn, Bx pour Bronx, etc. À Manhattan, les lignes transversales portent le numéro de la rue qu'elles longent. Pour demander l'arrêt suivant (tous les 2 à 3 blocs), appuyez sur les boutons « Stop » ou sur les bandes verticales jaunes situées entre les vitres. Beaucoup de lignes fonctionnent **24h/24** (fréquence diminuée la nuit). Entre 22h et 5h, vous pouvez demander au chauffeur de stopper entre deux arrêts.

Transferts – Si vous avez une Pay-Per-Ride MetroCard, les transferts du bus vers le métro ou vers un autre bus sont inclus dans la valeur du ticket pendant 2h après le premier passage à un contrôle. Si vous avez une Unlimited Ride MetroCard, ils sont illimités. Si vous payez avec des pièces, ils ne sont gratuits qu'avec les lignes de bus que croise celui dans lequel vous êtes monté.

« Arriver à New York », p. 3.

Se déplacer en centre-ville

L'appli indispensable : Citymapper

Bus et métro tlj 24h/24h - 2,75 $ le ticket à l'unité.

Forfaits les plus intéressants :

Pay-Per-Ride MetroCard – Carte rechargeable (de 5,50 à 80 $) débitée à chaque passage, jusqu'à 4 pers.

7-Day Unlimited Ride MetroCard (7 j.) – Trajets illimités - 33 $.

Bateau

NYC Ferry

Les bateaux NYC Ferry proposent 7 itinéraires pour vous conduire dans tous les quartiers de New York (Manhattan, Brooklyn, Queens, le Bronx et Staten Island) sur l'Hudson et l'East River, pour à peine plus cher qu'un ticket de métro.

NYC Ferry – Pier 11, 110 Wall St. - www.ferry.nyc - lun.-vend. 6h-22h, w.-end 7h-22h30 ; ttes les 20 à 40mn ; les horaires dépendent des lignes, se rens. - 4 $ (27,50 $ les 10 trajets), achat en ligne, sur l'application ou aux machines présentes à chaque arrêt - plan et horaires sur le site Internet.

Vélo

Le vélo, en raison de la circulation effrénée, peut être dangereux : les moins téméraires ne l'utiliseront que dans les parcs.
La ville de New York a mis en place, à l'instar de nombreuses autres grandes villes à travers le monde, un système de location à la course de 30mn (4,50 $) ou à la journée (19 $).
Pour connaître le mode d'emploi du **Citi Bike** et la localisation des nombreuses stations en ville, consultez **www.citibikenyc.com**.

Visites

La plupart des musées sont fermés le lundi et les principaux jours fériés. Les billets sont chers, mais les musées ont des périodes d'accès gratuit.
Des **Pass** proposent l'entrée dans une sélection de musées et de sites touristiques pour un prix forfaitaire. Le site www.nyc.fr (rubrique bons plans) propose un comparatif des prix selon vos souhaites de visite.
Le **City Pass** est le plus intéressant. Il est valable 9 jours et coûte 138 $ pour un adulte, 118 $ pour un enfant de 6 à 17 ans. Il comprend l'accès à l'Empire State Building et à l'American Museum of Natural History, et à 3 autres musées au choix : musée Guggenheim ou Top of the Rock, Statue de la Liberté ou croisière Circle Line, 9/11 Memorial & Museum ou Intrepid Sea, Air & Space Museum. Le pass **C3** offre 3 visites parmi un choix plus large et coûte 96 $ (74 $ enfants de 6 à 12 ans). On les achète dans les musées ou les sites concernés ou encore sur le site **www.citypass.com**.
Le **New York Pass** existe pour 1 jour (149 $), 2 jours (204 $), 3 jours (249 $), 4 jours (289 $), 5 jours (319 $), 7 jours (359 $) ou 10 jours (399 $) ; tarifs incluant la réduction si vous achetez le pass en ligne : **www.newyorkpass.com**. Faites bien vos comptes, car il est impossible de tout voir dans le temps imparti. Il donne droit, entre autres, à une croisière autour de Manhattan, aux observatoires sauf le SUMMIT, au musée d'Histoire naturelle et à de nombreux circuits thématiques, visites guidées et attractions, ainsi qu'aux grands musées (MoMA, Guggenheim, Whitney, mais ni le Met ni la Frick Collection). Réductions dans certains magasins et restaurants, et pour des spectacles à Broadway. Il s'adresse surtout aux familles avec des enfants.

Visites guidées

www.nyctourism.com les référence.

À pied

New York en Français – ✆ (en France) 05 56 52 86 36 - www.voyage-en-francais.fr/new-york. Après avoir fondé et alimenté le blog « Bons plans New York », son créateur a lancé avec son équipe francophone un programme d'activités sympathiques et de visites thématiques : Central Park à vélo, street art, décorations de Noël féeriques à Brooklyn... (55 $/pers.).
New York Off Road – www.newyorkoffroad.com. Des visites originales et sympathiques, menées par une équipe de guides français expatriés. Les parcours à travers Manhattan, Brooklyn, Queens et le Bronx, dynamiques et documentés, traitent de sujets variés : Food tour,

super-héros, street art, histoire, architecture... Comptez 50-65 $ pour des visites en petits groupes (10 pers. maxi). Visites privatives sur demande.

Big Apple Greeter – www. bigapplegreeter.org. Pour découvrir la ville de l'intérieur avec des New-Yorkais bénévoles (prenez contact 2-3 semaines av.). Leur service est gratuit, ce qui n'empêche pas de les inviter à déjeuner.

Greenwich Village Literary Pub Crawl – ✆ 917 865 4575 - www. literarypubcrawl.com - vend.-dim. (seult w.-end en hiver), RV à 13h30 à la White Horse Tavern, 567 Hudson St. - 45 $ - bon niveau d'anglais exigé. Sur les traces des écrivains célèbres (Jack Kerouac) ou des peintres expressionnistes abstraits (Jackson Pollock).

Joyce Gold – ✆ 212 242 5762 - joycegoldhistorytours.com - 25 $ par pers. Propose en anglais des circuits historiques, programme sur Internet.

En bus, bateau, hélicoptère

Harlem Spirituals - New York Visions – ✆ 212 391 0900 - www. harlemspirituals.com - à partir de 80 $. Installée à New York depuis trente ans, cette agence francophone organise des visites dans Harlem avec messe Gospel et soirées Jazz, tours en bus dans Manhattan, Queens et Bronx. Également des visites dans l'air du temps (15 pers. maxi) : Food tour à Harlem, découverte de Brooklyn et le West Side Story couvrant Hudson Yards, la High Line et le Whitney Museum.

Circle Line Cruises – ✆ 212 563 3200 - www.circleline.com - pour 2h30, compter 49 $. Mini-croisières en bateau autour de Manhattan.

Gray Line – 777 8th Ave. (entre 47th et 48th Sts) - ✆ 212 445 0848 - www. grayline.com/united-states/things-to-do-in-new-york - départs 9h-16h. L'offre la plus complète pour visiter New York en bus à impériale (à partir de 51 $). Réductions pour les achats en ligne.

On Location Tours – ✆ 212 683 2027 - onlocationtours.com - de 36 à 72 $. Les fans de séries télévisées adoreront ces périples en bus sur les principaux lieux de tournage et les sites mémorables des feuilletons (visites en anglais).

Liberty Helicopters – ✆ 212 786 5751 - www.libertyhelicopters.com - à partir de 219 $ (env. 15mn de vol). Survol de New York en hélicoptère à des tarifs divers selon la durée du vol.

Agenda culturel 2024

Rendez-vous annuels

Janvier

▶**Winter Antiques Show** – Foire aux antiquaires d'hiver, 7th Regiment Armory, Park Avenue - 10 j. fin janvier - www.thewintershow.org.

Février

▶**Empire State Building Run-Up** – Course à pied dans les escaliers du gratte-ciel.

▶**Chinese New Year's Festival** – Nouvel An chinois, à Chinatown.

▶**Black History Month** – Manifestations autour de l'identité noire - tout le mois.

▶**Westminster Dog Show** – Foire canine, Madison Square Garden - www.westminsterkennelclub.org.

Mars

▶**St Patrick's Day** – Fête des Irlandais, parade sur la 5th Avenue - 17 mars.

▶**Macy's Spring Flower Show** – Un million de fleurs dans les vitrines du grand magasin Macy's - 2e quinzaine de mars.

▶**New Directors/New Film** – Lincoln Center et MoMA, pour découvrir les cinéastes débutants et prometteurs du monde entier - 10 j. fin mars - www.newdirectors.org.

▶**Easter Sunday Parade** – Défilé sur la 5th Avenue - dimanche de Pâques.

Avril

▶**Spring Flower Exhibition** – Exposition de fleurs printanières, New York Botanic Garden - de mi-avril jusqu'en juin.

▶**TriBeCa Film Festival** – Festival de films indépendants (*p. 32*) - fin avril - tribecafilm.com/festival.

▶**Central Brooklyn Jazz Festival** – Concerts de jazz - de mi-avril à mi-mai - centralbrooklynjazz.org.

▶**Art Expo New York** – Pier 94 sur l'Hudson River - 3 j. début avr. - redwoodartgroup.com/artexpo-new-york.

Mai

▶**Cherry Blossom Festival** – Au Brooklyn Botanic Garden - début mai.

▶**Five Boro Bike Tour** – 67 km de randonnée à vélo à travers les cinq *boroughs* - 1er dimanche de mai - www.bike.nyc.

▶**Memorial Day Parades** – Défilés dans tous les quartiers en souvenir des militaires morts en service - 4e lundi de mai.

▶**Washington Square Outdoor Art Exhibit** – À Washington Square - pendant 5 j. à la fin du mois, édition en sept. également - www.wsoae.org.

Juin

▶**Museum Mile Festival** – Fête des musées de l'Upper East Side - 2e mardi de juin - fr.nycgo.com/events/museum-mile-festival.

▶**Puerto Rican Day Parade** – Parade des Portoricains sur la 5th Avenue - 2e dimanche de juin.

▶**NY Philharmonic Concerts in the Parks** – Concerts gratuits dans différents parcs - 5 j. mi-juin - nyphil.org/parks.

▶**Mermaid Parade** – Un défilé de sirènes haut en couleurs à Coney Island - www.coneyisland.com.

▶**Lesbian and Gay Pride Week** – Sur la 5th Avenue - fin juin.

▶**Summer Stage** – Nombreux spectacles et concerts en plein air : Summer Stage in Central Park, Summer Parks Concerts, Metropolitan Opera Parks Concerts... - de début juin à fin août - www.cityparksfoundation.org.

▶**Social Dance at The Oasis** – Événements de danse gratuits lors desquels tout le monde peut danser, sur la plaza du Lincoln Center - de mi-juin à déb. août - www.lincolncenter.org/series/summer-for-the-city.

Juillet - Août

▶**Independence Day** – Fête nationale : le 4 juillet, feux d'artifice sur l'Hudson et l'East Rivers et parade de bateaux au South Street Seaport.

▶**Shakespeare in the Park** – En plein air à Central Park - juin-août - www.centralpark.com.

▶**Mostly Mozart Festival** – Concerts au Lincoln Center - juil.-déb. août - www.lincolncenter.org/series.

▶**Feast of O-Bon** – Fête bouddhiste et japonaise de la Mort dans Riverside Park - le samedi le plus proche de la pleine lune.

▶**NYC Restaurant Week® Summer** – Menus à prix modérés dans des restaurants de standing - fin juillet à mi-août - nycgo.com/restaurantweek.

▶**US Open de tennis** – Flushing Meadows - usopen.org.

Septembre

▶**Labor Day** – Fête du Travail (2 septembre) : **Tranvestite Parade** dans l'East Village, **Brazilian Parade** sur l'Avenue of the Americas (6th Ave.), **West-Indian-American Day Parade** à Brooklyn (carnaval des Caraïbes).

▶**Armory Arts Week** – Grande foire d'art contemporain au Pier 94 - 3 j. en sept. - www.thearmoryshow.com.

▶**Feast of San Gennaro** – Fête des Italiens à Little Italy - vers la mi-septembre - sangennaronyc.org.

▶**BAM Next Wave Festival** – Danse expérimentale, concerts et théâtre à la Brooklyn Academy of Music - de mi-septembre à mi-décembre - www.bam.org.

Octobre

▶**New York Film Festival** – Lincoln Center - 10 j. 1re quinzaine d'octobre - www.filmlinc.org.

▶**Colombus Day Parade** – Commémoration sur la 5th Avenue de la découverte de l'Amérique par Christophe Colomb - 2e week-end d'octobre.

▶**Greenwich Village Halloween Parade** – Fête de Halloween - 31 octobre.

Novembre

▶**Marathon de New York** – 1er novembre.

▶**Veterans Day** ou **Armistice Day** – Parade sur la 5th Avenue - 11 novembre.

▶**Macy's Thanksgiving Day Parade** – Parade le long de Broadway, de Central Park West à Herald Square - 4e jeudi de novembre.

Décembre

▶**Tree-Lightin** – Illuminations de Noël, en particulier au Rockefeller Center et à l'angle des 5th Avenue et 59th Street, près de Central Park - à partir du 4 décembre.

▶**First Night Festival** – Feux d'artifice à Central Park et à South Street Seaport - 31 décembre.

▶**New Year's Eve Ball Drop** – Grand rassemblement sur Times Square, avant minuit, quand la foule égrène les douze coups tandis que la boule lumineuse descend le long de l'immeuble du *Times*. Ensuite, c'est la **Midnight Run**, dans Central Park.

Biennale

Whitney Biennial – Au Whitney Museum of American Art (*☛ p. 46*), tendances actuelles de l'art contemporain - 3 mois au printemps, prochaine édition se rens. - whitney.org/biennial.

Expositions

Les principaux lieux – New York compte de nombreux sites d'exposition, en particulier les grands musées comme le MoMA (*☛ p. 60*), le Metropolitan Museum of Art (*☛ p. 75*), la Frick Collection (*☛ p. 73*), l'American Museum of Natural History (*☛ p. 86*), le Guggenheim Museum (*☛ p. 80*) et le Whitney Museum of American Art (*☛ p. 46*).

Parmi les principales expositions, sur **fin 2023-début 2024**, annoncées au moment de la rédaction de ce guide : **Picasso in Fontainebleau** (1 octobre 2023-10 février 2024) au MoMA ; **Inheritance** (28 juin 2023-février 2024) et **Henry Taylor : B side** (4 octobre 2023-janvier 2024) au Whitney Museum ; **Going Dark : The Contemporary Figure at the Edge of Visibility** (20 octobre 2023-7 avril 2024) au Guggenheim Museum ; **Manet/Degas** (24 septembre 2023-7 janvier 2024) et **Africa & Byzantium** (19 novembre 2023-3 mars 2024) au MET.

Retrouvez les événements sur le site **www.nycgo.com**.

Presse culturelle –New York regorge de publications gratuites qui vous informent sur son programme culturel. Vous pouvez les consulter sur Internet ou vous les procurer dans les centres d'accueil, les hôtels ou les grands musées. Parmi elles, *City Guide Magazine* (www.cityguideny.com), *Official Visitor Guide* (www.nycgo.com).

Pensez à l'agenda culturel des **quotidiens** : *New York Times*, *Time Out New York*, *New York Magazine*.

Billetteries – Les expositions et certains événements peuvent être réservés en ligne sur les sites de l'office de tourisme, des musées etc. Billets sur place également.

PIZZA
RUNNING TO BEAT BLOOD CANCER

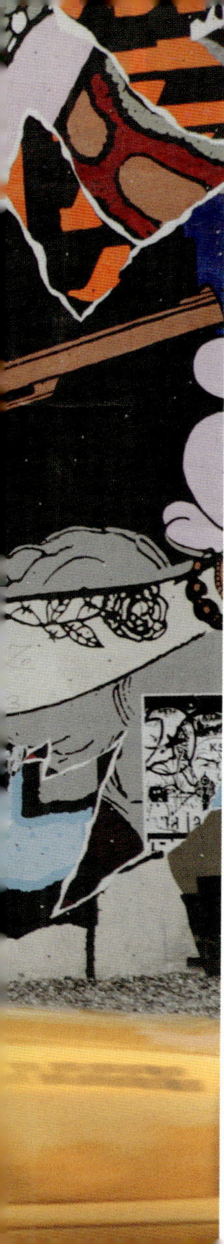

POUR EN SAVOIR PLUS

Une fresque du street artiste Faile sur le Bowery Mural Wall à Manhattan.
CribbVisuals/Getty Images Plus

Les dates clés

1524 - Giovanni da Verrazzano (*☛ p. 154*), envoyé par François Ier, découvre le site de New York et le baptise Terre d'Angoulême, en l'honneur de son souverain, ancien comte d'Angoulême.
1609 - Henry Hudson explore le fleuve qui porte son nom pour le compte de la Compagnie hollandaise des Indes occidentales.
1614 - La région devient une colonie hollandaise : la Nouvelle-Hollande.
1625 - Un comptoir baptisé Nouvelle Amsterdam s'installe sur l'île de Manhattan.
1626 - Peter Minuit « achète » Manhattan aux Algonquins.
1636 - Le Danois Johannes Bronck s'installe sur le site du futur Bronx.
1644 - Les esclaves amenés par les Hollandais en 1626 sont « affranchis ».
1647 - **Peter Stuyvesant** gouverneur général de la colonie.
1653 - Il fait construire une enceinte fortifiée au niveau de Wall Street.
1657 - Arrivée des quakers anglais.
1664 - La Nouvelle Amsterdam, prise par les Anglais, devient New York.
1667 - Le traité de Breda leur accorde la possession de la colonie.
1673 - La Hollande reprend la ville qui est rebaptisée Nouvelle Orange.
1674 - Le traité de Westminster restitue la Nouvelle-Hollande à l'Angleterre.
1725 - William Bradford crée le premier journal de la ville, la *New York Gazette*.
1763 - Le traité de Paris confirme la domination de l'Angleterre sur le continent nord-américain.
1764-1765 - Le Sugar Act et le Stamp Act provoquent une vive irritation de la population contre les Anglais et entraînent l'union des neuf colonies.
1767 - Les « taxes Townsend », qui imposent lourdement les colonies, rompent le calme précaire.
4 juillet 1776 - Adoption de la **Déclaration d'indépendance** qui signe le début de la guerre.
1783 - Le traité de Paris reconnaît l'indépendance des treize colonies américaines. **George Washington** entre triomphalement dans New York, qui devient, l'année suivante, la première capitale des États-Unis.
1789 - Washington est élu premier président des États-Unis.
1807 - Fulton relie New York à Albany avec son navire à vapeur.
1811 - Le Randel Plan quadrille la ville, suivant 12 avenues longitudinales et 155 rues transversales.
1812 - Les États-Unis déclarent la guerre à la Grande-Bretagne. New York est affectée par le blocus.
1817 - Création du Stock Exchange (*☛ p. 158*).
1820 - New York est la plus grande ville du pays (123 706 habitants).
1825 - Le canal Érié relie les Grands Lacs au port de New York, qui draine rapidement la moitié des importations de l'ensemble des États-Unis.
1827 - L'**esclavage** est aboli dans l'État de New York.
1835 - Un incendie ravage la ville.
1845 - La première ligne télégraphique relie New York à Philadelphie.

1851 - Parution du *New York Times*.
1852 - Exposition universelle au Crystal Palace.
1857 - La construction de Central Park commence *(p. 69)*.
1861-1865 - Guerre de Sécession. Exposition du corps de **Lincoln** au City Hall, après son assassinat.
1868 - Premier métro aérien.
1869 - « Vendredi noir » et grande panique financière de la ville.
1872 - Inauguration du Metropolitan Museum of Art *(p. 75)*.
1886 - Inauguration de la **statue de la Liberté** *(p. 22)*.
1891 - Inauguration du Carnegie Hall *(p. 55)*.
1902 - Achèvement du Flatiron Building *(p. 51)*.
1904 - Première ligne de métro souterrain.
1913 - Duchamp fait scandale lors de la première exposition d'art moderne du New York Armory Show.
1917-1919 - Les États-Unis prennent part à la Première Guerre mondiale.
1919-1933 - Prohibition de l'alcool.
1929 - Krach de Wall Street.
1931 - Inauguration de l'Empire State Building *(p. 57)*.
1939 - Inauguration du Rockefeller Center *(p. 59)*.
1941-1945 - Participation des États-Unis à la Seconde Guerre mondiale.
1952 - L'**ONU** s'installe à New York.
1965 - Assassinat, à Harlem, du leader noir Malcolm X.
1970 - Premier marathon de New York.
1973 - Inauguration du World Trade Center *(p. 14)*.
1993 - Explosion d'une bombe terroriste au World Trade Center.
Janvier 2001 - Hillary Clinton entame son mandat de sénatrice de New York.
11 septembre 2001 - Attentat terroriste et destruction du World Trade Center : 2 973 morts et disparus.
4 juillet 2004 - Pose de la première pierre de la Freedom Tower, rebaptisée One World Trade Center.
Septembre 2008 - Chute de la banque Lehman Brothers et crise financière. Wall Street s'effondre.
Novembre 2008 - Barack Obama est élu président des États-Unis.
2012 - Le One World Trade Center devient la plus haute tour de New York. Terminé en 2014, il atteint une hauteur de 541 m.
29-30 octobre 2012 - L'ouragan Sandy frappe durement New York, faisant 41 morts et occasionnant 40 milliards de dollars de dégâts. La 43e édition du marathon est annulée.
Novembre 2012 - Barack Obama est réélu président des États-Unis.
Novembre 2016 - Donald Trump est élu président des États-Unis.
2018 - Élue à New York à 29 ans, Alexandria Ocasio-Cortez devient la plus jeune candidate (démocrate) jamais élue au Congrès américain.
2020 - La tour SUMMIT One Vanderbilt devient le plus haut gratte-ciel de bureaux de Manhattan (427 m).
Novembre 2020 - Joe Biden est élu président des États-Unis.
Novembre 2021 - Eric Adams est le nouveau maire de New York.
2022 - Légalisation de la commercialisation du cannabis à usage récréatif.
2023 - L'ex-président Donald Trump est mis en accusation.

De Terre d'Angoulême à New York

Une terre à conquérir

Giovanni da Verrazzano, explorateur florentin au service du roi de France François Ier, pénètre dans la baie de New York en 1524. Il baptise l'endroit « Terre d'Angoulême » en l'honneur de son suzerain, issu de la famille des Valois Angoulême. En 1609, l'Anglais **Henry Hudson**, qui navigue pour les Hollandais, explore lui aussi la région. Remontant le fleuve qui porte à présent son nom, il rencontre en chemin des Amérindiens et repart en décrétant ces territoires propriété hollandaise. Des comptoirs entretiennent un actif négoce avec les « Indiens », dont deux groupes se partagent le territoire : les Mohawks, de la confédération des Iroquois, et les Algonquins, dits aussi « Delaware ».

La Nouvelle Amsterdam

En 1614, la Compagnie hollandaise des Indes occidentales fonde la **colonie de la Nouvelle-Hollande**, à l'emplacement de l'actuelle New York. En 1626, **Peter Minuit** « achète » Manhattan (du mot algonquin *menatay*, qui signifie « île ») aux Wappingers pour 60 florins (26 dollars !). Des tensions raciales naissent, sous la pression des colons. Les premières violences ont lieu en 1640, contre les Algonquins. Par la suite, au gré d'alliances successives, les différentes tribus amérindiennes de la région participeront aux guerres entre colons rivaux.

Naissance d'une ville

Après avoir construit des fortifications à la pointe sud de l'île de Manhattan, l'ingénieur hollandais **Fredericksz** élabore les plans de la future cité, New Amsterdam. C'est à lui que l'on doit ces rues tortueuses au bord desquelles se bâtirent les *boweries* (fermes), souvent dans des zones marécageuses, où l'expérience ancestrale des Hollandais pour le drainage fit merveille. Des domaines agricoles apparaissent plus au nord et dans les secteurs de Brooklyn, du Queens, du Bronx et de Staten Island. Mais le grand chantier urbain ne sera jamais vraiment mené à son terme. Seul le mur défensif sera suffisamment pérenne pour que la rue qui le remplace en garde le nom, Wall Street. Le célèbre **Peter Stuyvesant** sera le dernier gouverneur général de la colonie. La Hollande ayant décidé de se consacrer à l'Asie, la Nouvelle-Hollande est quasiment abandonnée. En 1664, c'est sans combattre que la ville se rend aux Anglais, pour un règne de 119 ans. New Amsterdam est rebaptisée New York en l'honneur du frère du roi Charles II, duc d'York.

New York et l'immigration

Attirées par son développement qui semble déjà sans limites, des vagues d'immigrants déferlent sans discontinuer, au gré des guerres, des conflits politiques ou des pressions économiques qui affectent l'Europe.

La vague irlandaise

En 1860, les Irlandais représentent un tiers des habitants. Pauvres, souvent illettrés, ils sont méprisés par les descendants des colons et doivent se battre pour leur survie. Les premiers gangs répertoriés de New York sont irlandais. Ils prennent peu à peu le pouvoir sur la police de la ville et sa gestion. Ces gangs, bientôt rejoints par des immigrants d'autres origines, italiens, juifs, centre-américains, sud-américains et asiatiques, seront un des phénomènes dominants de la vie de la cité, à toutes les époques.

La question noire

Moins connue est l'immigration des Noirs. L'histoire de New York est à ce sujet assez trouble. En 1626, les Hollandais ramènent des esclaves d'Afrique, comme le feront plus tard les Anglais. Plusieurs marchés aux esclaves prospèrent à Wall Street. En 1827, la traite des Noirs est officiellement abolie à New York, mais, même libres, les Noirs ont une vie difficile. Si quelques-uns constituent une ébauche de classe moyenne, l'ensemble vit misérablement.

Contrôler l'immigration

Pour la majorité des immigrants, New York est l'espoir d'une nouvelle vie. Main-d'œuvre recherchée pour les grands travaux, ils sont suspectés de tous les maux. Très vite, les New-Yorkais tentent de contrôler les arrivées. Un « bureau de tri » est d'abord installé à Castle Garden, puis sur **Ellis Island** : 20 000 immigrants y sont « traités » par jour, soit 16 millions d'Européens jusqu'à sa fermeture, en 1924. Nombre d'entre eux poursuivent leur route vers l'ouest du pays, mais beaucoup s'installent à New York, provoquant un fantastique accroissement de la population, de 500 000 habitants en 1850 à plus de 3 millions en 1900, ce qui en fait la ville la plus peuplée du monde. Car New York est devenue le symbole de la liberté. C'est ainsi que les Juifs fuyant les persécutions sont rejoints par les Italiens, puis les Chinois. Si les nantis n'ont aucune difficulté à s'installer, la plupart sont plongés dans la plus extrême précarité. Les communautés tendent à se regrouper dans les mêmes quartiers (Little Italy, Chinatown, Lower East Side...), donnant à la ville son caractère pluriethnique si caractéristique.

New York cosmopolite

Une ville pluriethnique

Avec ses cinq *boroughs* (arrondissements), New York comptait au dernier recensement 8,4 millions d'habitants issus de toutes les communautés. Près de 36 % des New-Yorkais sont nés à l'étranger et environ 48 % ne parlent pas l'anglais à la maison. Le plus gros contingent d'immigrants vient de République dominicaine, de Chine, de Jamaïque, de Guyane et du Mexique, même si on note aussi des arrivées du Bangladesh, du Nigeria, du Ghana, des Philippines, de Russie et d'Ukraine. Pour la première fois depuis la guerre de Sécession, le nombre de Noirs décline à cause des difficultés économiques qui les poussent à partir vivre ailleurs.

Vivre en communauté

L'une des caractéristiques de New York, comme de toutes les villes américaines, est le regroupement par communautés. Pour le visiteur, outre le dépaysement radical qui l'attend au sortir d'une station de métro, la surprise vient de l'extrême compartimentation de la ville. Il suffit parfois de traverser la rue pour changer de continent. Les communautés historiques ont souvent rendu leur quartier célèbre : les Juifs dans le Lower East Side, l'Upper West Side et à Williamsburg, ou les Italiens à Little Italy (Manhattan) mais surtout dans le Bronx. D'autres sont là où on ne les attend pas. Ainsi, Chinatown rassemble un grand nombre d'Asiatiques, mais le quartier est désormais passé derrière Flushing, quartier du Queens. Il existe aussi de plus petites enclaves, tout aussi pittoresques, tels la Little Odessa ukrainienne de Brighton Beach, Koreatown le long de la 32nd Street, les quartiers caribéen autour de Flatbush à Brooklyn, dominicain dans le Bronx, sénégalais sur la 116th Street, entre les Nicholas et 8th Avenues, turc, aussi à Brighton Beach, brésilien à Astoria quartier du Queens, etc.

Une cuisine cosmopolite

Hormis quelques spécialités, il n'existe pas de cuisine véritablement new-yorkaise. Les quelque 20 000 restaurants de la ville proposent une cuisine aussi bien américaine qu'italienne, juive, ukrainienne, *soul food*, thaïe, coréenne, chinoise, mexicaine, cubaine, éthiopienne... Les influences ethniques se mêlent, donnant naissance à de nouvelles tendances culinaires, à l'image de cette *street food* toujours plus créative.

Le guide Michelin New York

À consulter en complément : vous y trouverez une sélection d'adresses pour tous les budgets ainsi que des restaurants étoilés !
www.guide.michelin.com

Quartier de Chinatown

紐約
第一駕駛學校
66
華豐商場
60號怡豐商場
怡丰商場
好好駕駛學校
福州
農家飯莊
紐約第一駕駛學校

Économie et finances

New York doit son développement rapide à la situation exceptionnelle de son port et à l'ouverture du canal Érié. Aujourd'hui, son activité portuaire est réduite à quelques quais.

L'immobilier et l'industrie

Le secteur du bâtiment s'est toujours bien porté. Les années 1950-1960 visèrent à supprimer les taudis et à créer de vastes ensembles, tout en poursuivant les travaux de voirie, d'entretien des ponts et des lignes de métro. Les décennies suivantes ont cherché à préserver le patrimoine ancien. La spéculation concerne maintenant les friches industrielles et portuaires situées au-delà de l'East River. Le coût des loyers et la concurrence due à la mondialisation ont chassé les industries, et les emplois ont baissé de moitié depuis 1950. La confection existe encore dans le Garment District, mais elle se limite au haut de gamme.
Le niveau élevé de formation des habitants de la ville et des immigrants a favorisé le développement des technologies de pointe, du médical et de l'informatique. L'alimentaire, la mécanique haut de gamme et la chimie se maintiennent.

Presse et divertissement

New York est un bastion de la presse, synonyme d'indépendance d'esprit. La ville est le siège de 15 quotidiens, de 350 magazines, d'agences de presse ou de photo, de 4 chaînes nationales de télévision et d'une foule de chaînes câblées. De grandes maisons d'édition, comme Random House et HarperCollins, résident dans cette ville où la « matière grise » a toujours été abondante. D'innombrables congrès et séminaires s'y déroulent. Une industrie du divertissement s'est constituée au fil des ans, dans les nombreuses salles de concerts, les théâtres et les cabarets. Et New York possède quelques-uns des musées phares de la planète.

Wall Street et la finance

Le **New York Stock Exchange** (NYSE), surnommé « Wall Street », est le symbole du capitalisme et le principal marché mondial des valeurs boursières. Les courtiers traitent 42 milliards de dollars de valeurs chaque jour. Une grande partie de la finance internationale passe entre leurs mains, acquittant au passage des sommes considérables, lesquelles, en cascade, irriguent les circuits économiques de New York, en particulier les professions rattachées à la finance. Ces emplois créent et entretiennent à leur tour des myriades de services à tous les niveaux de la cité.
Le monde de la finance fut toutefois durement ébranlé par la crise de 2008 qui a engendré une prise de conscience sur la nécessité de réguler les activités financières.

Architecture et urbanisme

À la recherche d'un style

Les Anglais firent de New York un comptoir de l'Amérique du Nord sur l'ébauche d'une ville hollandaise, où avaient eu le temps de s'aligner le long de rues boueuses des maisons aux avant-toits évasés et des édifices publics de style georgien, avec leurs colonnades et leur fronton.

Après leur victoire sur les Anglais, les colons s'inspirent de l'architecture de la Rome républicaine. Le **style fédéral** se caractérise par des constructions symétriques et carrées, une ornementation classique, des colonnes surmontées parfois d'un fronton et d'une imposte, ainsi que par l'utilisation de fenêtres en ellipse.

Le maire DeWitt Clinton (1769-1828) fait planifier le tracé des voies de circulation, avec des avenues en angle droit. Le Randel Plan, la fameuse « grille » de Manhattan, avec ses 2028 blocs, est ainsi créé en 1811.

Le **style néogrec** fait rage à partir de 1820 : marbre et larges frontons encadrés de colonnades de styles dorique, ionique ou corinthien (Federal Hall). Des églises et des rues entières (Cushman Row) se construisent dans ce style relativement austère. Hélas, en pleine effervescence économique, la ville est ravagée par un immense incendie (1835). Le **style néogothique** prend le relais. Il joue sur l'asymétrie, le pittoresque, la profusion de tourelles, de créneaux, de fenêtres étroites et oblongues. Il envahit les hôtels particuliers, privilégiant les pignons finement ouvragés, les flèches et les gargouilles. Un excès, une enflure de fin d'époque victorienne aboutit au **style Queen Anne**, où se surajoute un amoncellement d'ornementations (1880-1905). Avec une combinaison des influences japonisantes, voire byzantines, on arrive à une architecture étrange qui vire parfois à la réminiscence médiévale, c'est le **style néoroman** : tours massives, lourdes arches semi-circulaires en pierres de taille, bas-reliefs, copies de grilles en fer forgé.

Influences et éclectisme

Parallèlement aux tendances romantico-gothiques, des architectes se tournent vers l'Italie et vers Paris.

Le **style italianisant** (1840-1880) tire élégamment parti de l'emploi de la fonte en architecture : allure rectangulaire, perrons surélevés, fenêtres hautes et étroites, finement arquées et parfois ouvragées.

Dans la partie sud de Manhattan, l'utilisation de la fonte autorise la construction d'immeubles plus hauts, annonçant les premiers gratte-ciel. On expérimente l'assemblage de pièces en fonte préfabriquées (**cast iron**), entre lesquelles se glisse le verre...

Les maisons peuvent également se revêtir d'un grès bon marché, couleur chocolat, qui leur vaut leur surnom de **brownstones**. Par extension, on appliquera aussi ce terme aux

habitations des mêmes quartiers construites en brique ou dans une autre variété de pierre.
Le **style Second Empire** (1860-1880) français influence aussi New York où fleurissent désormais les toits couverts de zinc et les mansardes. Ce genre est relayé par le **style néoclassique ou Beaux-Arts**, inspiré par Paris, avec de majestueuses réalisations où les arcades ménagent de monumentales entrées bordées de colonnes et de statues (New York Public Library).

À la conquête du ciel

La vraie révolution ne viendra pas du style, mais de l'objectif affiché de monter vers le ciel. Si la motivation initiale est spéculative – construire le plus possible sur le plus petit espace disponible –, c'est là que s'opérera la rupture radicale avec le passé. En 1857, Elisha Otis invente l'ascenseur. L'American Institute of Architects est créé à New York la même année. Peu après, une école particulièrement innovante ouvre à Chicago où s'élève le premier gratte-ciel. À New York, le **Flatiron Building** (1902) annonce la série de buildings qui constitueront la fameuse *skyline* de Manhattan. Les gratte-ciel poussent comme des champignons tout au long du 20e s. Une nouvelle mode européenne s'impose, l'**Art nouveau**, suivi en 1925 du **style Art déco**. Ce dernier favorise les décrochements, les jeux sur les harmonies verticales, les revêtements de pierre et de briques vernissées ou de métal (Chrysler Building, Empire State Building). Après la Seconde Guerre mondiale, en réaction à ces exubérances, on construit des immeubles de **style dit international,** aux lignes dépouillées, aux plans rectilignes, aux parois de verre (siège de l'ONU, MoMA, Twin Towers). Les deux dernières décennies du 20e s., baptisées **postmodernes**, accentuent le travail sur le verre, qui se colore, s'irise, la pierre effectuant un retour remarqué dans le pavement des esplanades et des atriums (World Financial Center).

Le 21e siècle

L'effondrement des Twin Towers, en 2001, a marqué un tournant pour la ville. Outre la construction symbolique du **One World Trade Center**, c'est tout l'horizon de New York qui se redessine. Les rives de l'Hudson et de l'East River se végétalisent, accueillant des parcs urbains avec vue époustouflante sur les gratte-ciel iconiques, comme le Brooklyn Bridge Park à DUMBO et le jardin flottant de Little Island au bord de la High Line. Un peu partout fleurissent de nouvelles tours, à l'image de la superbe SUMMIT One Vanderbilt près de Grand Central Station ou de la singulière 56 Leonard Street signée par Herzog & de Meuron, redéfinissant année après année la *skyline* de la ville... Toujours plus hautes et fines, les tours-crayons hérissent la 57th Street, attirant les milliardaires avec leurs luxueux *penthouses* dominant Central Park. Enfin, le gigantesque projet immobilier de Hudson Yards est sorti de terre : un quartier du futur conçu comme une attraction commerciale high-tech.

Flatiron Building.

Art moderne et art contemporain

Jusqu'au début du 20e s., la peinture américaine se cherche, tournée vers la nature ou la société humaine.

Le groupe des Huit

C'est en février 1908 qu'un coup de tonnerre amplifie la révolution impressionniste en Amérique. Sept jeunes peintres, réunis autour de **Robert Henry**, exposent à la Macbeth Gallery. Ils peignent la fumée et la crasse de la ville, la concupiscence, l'épuisement des ouvriers et prouvent que l'on peut faire du beau avec la sueur et les larmes, d'où le surnom d'**Ashcan School** (école de la poubelle). Ce mouvement est suivi d'un tumulte artistique qui trouvera son apogée à l'Exhibition of Independent Artists (1910) et surtout à l'Armory Show (1913), la plus importante exposition d'art jamais tenue aux États-Unis.

L'avant-garde américaine

Marcel Duchamp y présente son *Nu descendant un escalier* qui fait scandale parmi le public, mais conforte ses collègues peintres dans leurs recherches. Durant quelques années cruciales, la galerie d'Alfred Stieglitz, sur la 5th Avenue, expose **Georgia O'Keeffe**, **Arthur Dove**, premier artiste abstrait américain, **Charles Demuth** et **Charles Sheeler**, adeptes de l'hyperréalisme citadin et précurseurs de Hopper.

Les grandes figures

New York est soudain mise en lumière par **Edward Hopper** dont l'œuvre est une remarquable méditation sur la vie moderne. Durant la Grande Dépression, **Thomas Benton**, **Grant Wood**, **Reginald Marsh**, **Ben Shahn**, **John Curry** remettent en cause l'*American way of life*. En 1936, Mark Rothko, Arshile Gorky, Willem De Kooning, Robert Motherwell et Jackson Pollock se regroupent au sein des **American Abstract Artists** (AAA). Ils constituent, après 1945, la première école de peinture de portée internationale, l'expressionnisme abstrait, dite aussi « école de New York ». Bénéficiant de l'apport d'artistes européens de renom réfugiés outre-Atlantique durant la guerre, tels **Léger**, **Miró** ou **Ernst**, ils bouleversent le paysage artistique. En 1958, **Leo Castelli** ouvre dans l'Upper East Side sa galerie où se feront les réputations. Une nouvelle génération d'artistes voit le jour. **Andy Warhol** et le pop art (*p. ci-contre*) bouleversent l'art contemporain qui se déplace dans la rue. New York a désormais sa place dans le marché de l'art ; les lieux publics accueillent Dubuffet, Tony Rosenthal, Henry Moore, Jim Dine, Fritz Koenig ou encore Milton Hebald.

Andy Warhol et le pop art

Le pop art

Roy Lichtenstein, **Robert Rauschenberg**, **Jasper Johns** et surtout **Andy Warhol** et la coterie branchée qui fréquente sa Factory sont les principaux acteurs du pop art, moteur d'une machinerie spéculative effrénée qui fait de New York la capitale mondiale du marché de l'art. En s'inspirant de la publicité pour laquelle ils ont travaillé, de la bande dessinée, des faits divers, Andy Warhol et Roy Lichtenstein font du quotidien la substance de leur art. Ils s'attachent aux objets de la vie réelle, flambant neufs, faciles à reproduire, et traitent de façon mécanique et répétitive leurs sujets, mêlant les couleurs en une subtile harmonie.

Andy Warhol (1928-1987)

Il débute comme dessinateur publicitaire pour des magazines tout en s'occupant de la mise en valeur des vitrines d'un grand magasin. Il réalise très vite ses premiers tableaux, s'inspirant de la bande dessinée. Ses bouteilles de Coca-Cola et ses boîtes de soupe Campbell's remportent un vif succès. Il se lance alors dans la sérigraphie qui lui permet de reproduire à l'infini les thèmes choisis. Et c'est la consécration. Un loft, la **Factory**, lui sert de lieu de travail. Une multitude de collaborateurs l'aident à réaliser ses œuvres à partir de ses esquisses. Froid, cynique et intelligent, il est adulé par la jet-set new-yorkaise, mais aussi par le New-Yorkais de la rue qui se sent concerné par les thèmes explorés. Il entreprend toute une série de portraits devenus célèbres. Marilyn Monroe, Elvis Presley, Jackie Kennedy, Mao Tsé-Toung, Lénine, mais aussi Mona Lisa ou encore des fleurs en gros plans qui se multiplient à l'infini, dans des tonalités variées. Passionné par l'outil cinématographique, il réalise de nombreux films d'art dans lesquels ses personnages improvisent.

L'après-pop art

La folle escalade des prix, la nature ou la qualité inégale des expositions qui se succèdent à marche forcée forment une bulle où s'engouffrent les investisseurs. L'art devient snob et sa qualité s'en ressent. De cette effervescence jaillissent de temps à autre des perles, tels **Keith Haring** (1958-1990), street artiste engagé mondialement connu, et **Jean-Michel Basquiat** (1960-1988) dont le génie rageur et halluciné, synthèse des apports pluriethniques et du pop art, les font émerger des nombreux artistes de rue qui illustrent de fresques et de tags les murs de la ville. Certains quartiers populaires (Harlem, Bronx, Queens) se couvrent de fresques, devenant ainsi de véritables musées fragiles et éphémères.

Le mythe Broadway

Dans le **Theater District** (quartier des Théâtres), une quarantaine de salles de plus de 500 places, dont plus des deux tiers ne programment que des comédies musicales, composent le Broadway officiel, le « on ». On y joue les pièces à succès. Au-dessous de 500 fauteuils, les salles sont dites « off » et accueillent de jeunes auteurs. Pour les artistes, jouer à Broadway est synonyme de consécration.

Le théâtre

Eugene O'Neill (1888-1953), né à New York, est le plus célèbre dramaturge nord-américain. Toute sa vie, il a exploré les aspects les plus noirs de la condition humaine, ses pièces révélant un monde de marginaux et de désespérance.
John Steinbeck, avec sa pièce *Des souris et des hommes* en 1937, est fortement applaudi par le public.
Arthur Miller (1915-2005) écrit lui aussi des pièces fortes, comme *Mort d'un commis voyageur* (1949) et *Les Sorcières de Salem* (1953). Parmi les auteurs contemporains, **Sam Shepard** (1943-2017), écrivain, scénariste et acteur, était aussi un dramaturge en vue, depuis ses sketchs de la revue théâtrale, *O! Calcutta*. **August Wilson** (1945-2005), deux fois récompensé par le prix Pulitzer pour *Barrières* et *La Leçon de piano*, a été un immense auteur afro-américain, décrivant en dix pièces la vie dans un milieu noir américain sur une période de cent ans. Autre dramaturge majeur, née à Brooklyn, **Wendy Wasserstein** (1950-2006) fut lauréate du Pulitzer en 1989 pour *Les Chroniques de Heidi*.

Les comédies musicales

La section de Broadway située au niveau de Times Square est devenue un lieu mythique. La première comédie musicale, *The Black Crook,* est jouée à guichets fermés en 1866. Forts de ce succès, les producteurs développent le genre. Dans les années 1920-1930, les comédies se succèdent et leurs chansons deviennent de véritables tubes, à l'image de *Show Boat*.
Fred Astaire et **Gene Kelly** dansent sur les écrans de cinéma. Les comédies musicales atteignent leur pleine maturité en 1957, quand la pièce de Stephen Sondheim, *West Side Story*, dont la musique est composée par Leonard Bernstein, fait sa première au Winter Garden. Le mythe de Roméo et Juliette, transposé dans les quartiers populaires new-yorkais des années 1950, remporte un franc succès. Depuis une vingtaine d'années, les *musicals* s'inspirent des films pour enfants, comme *Le Roi Lion, Mary Poppins* ou *Aladdin,* mais aussi d'œuvres célèbres, comme *Les Misérables,* adaptés du roman de Victor Hugo. Certains tiennent l'affiche plusieurs décennies d'affilée, comme *Chicago*, chorégraphié par Bob Fosse et *Le Fantôme de l'Opéra* (35 ans). Aujourd'hui, la tendance est aussi aux grandes fresques historiques comme *Hamilton*.

NEW
AMSTERDAM
MADAME
TUSS
BROADWAY MAGIC!
THE WALL STREET JOURNAL
"MUSICAL COMEDY WISH-FULFILLMENT!"
REGAL
NEW 42 STUDIOS
DUKE

La littérature

Les écrivains nés ou ayant vécu à New York, tel Herman Melville, ne se sont pas toujours inspirés de leur ville. Dès le 19e s., cependant, **Washington Irving** écrit une *Histoire de New York* (1809), **Stephen Crane** fait scandale avec l'argot du bitume new-yorkais de *Maggie, fille des rues* (1893), **Edith Wharton** (1862-1937) livre de superbes descriptions de la haute société new-yorkaise dans *Chez les heureux du monde* (1905) et *Le Temps de l'innocence* (1920), adapté au cinéma par M. Scorsese en 1993, et **Francis Scott Fitzgerald** décrit le New York des Années folles et la corruption du rêve américain dans *Gatsby le Magnifique* (1925).

Manhattan, ville noire

Avec *Manhattan Transfer* (1925) de **John Dos Passos** naît la littérature new-yorkaise du 20e s. comme ce fut le cas en Europe avec *Ulysse* de James Joyce et *Voyage au bout de la nuit* de Céline. *Manhattan Transfer* est un livre total, bouleversé par les rythmes du jazz et le monde éclaté de la peinture cubiste. New York apparaît comme une machine bien huilée où règne le chaos. Une forme de littérature tente alors de donner un sens à ce désordre : le roman noir et le polar. *Nécropolis* de Herbert Lieberman (1991), *L'Aliéniste* de Caleb Carr (1995) ou *Bone* de George Chesbro (1993) redonnent cependant espoir en l'humanité. **Dashiell Hammett**, père du grand Sam Spade, l'un des privés les plus emblématiques (*Le Faucon maltais*, 1929), décrit comme nul autre la pourriture de la ville en un style dépouillé. **Chester Himes** inaugure avec sa *Reine des pommes* (1958) les balades dans Harlem des flics noirs Ed Cercueil et Fossoyeur Jones.

Au-delà des genres

Très tôt, écrivains et poètes se rencontrent pour échanger leurs idées. **Greenwich Village** accueille Mark Twain, Henry James et Melville puis le dramaturge Eugene O'Neill, la poétesse Edna St Vincent Millay, Theodore Dreiser et Thomas Wolfe. Dylan Thomas est suivi de la **Beat Generation**, William Burroughs, Allen Ginsberg et Jack Kerouac. Le plus célèbre de ces cercles sera l'**Algonquin Round Table**, du nom d'un bar d'hôtel, où les membres de la prestigieuse revue *The New Yorker* font et défont les réputations. Des lectures publiques ont lieu dans des cercles culturels et des prix littéraires sont remis : le **Pulitzer Price** et le **National Book Award**. Certains auteurs restent loin des médias tel J.D. Salinger (1919-2010), auteur de *L'Attrape-cœurs* (1951). Parmi les New-Yorkais (de naissance ou d'adoption) inclassables, citons Tom Wolfe, Truman Capote, Toni Morrison, Hubert Selby Jr., Jay McInerney ou Paul Auster.

Filmer New York

Au début du cinéma, le trust Eastman-Edison tourne ses films dans l'agglomération new-yorkaise, mais, en 1908, ses concurrents partent pour Hollywood, où les prix sont inférieurs et l'espace plus vaste. Pourtant, New York restera une cité photogénique, appréciée des réalisateurs ; elle demeure le théâtre de nombreux films et séries télévisées.

Une industrie du cinéma

Malgré les attraits de Hollywood, des cinéastes indépendants choisissent de travailler à New York : John Cassavetes, Abel Ferrara, Amos Kollek, Jim Jarmusch, Spike Lee, **Martin Scorsese** et **Woody Allen**, chantre de Manhattan.
La création en 1947 de l'Actors Studio à New York marque un tournant dans l'histoire du cinéma new-yorkais. Il en sort une pléiade de vedettes, dont Marlon Brando, James Dean et Robert De Niro, acteur fétiche de Martin Scorsese. Plus près de nous, une nouvelle génération de cinéstes a repris le flambeau : James Gray, Noah Baumbach. La ville abrite quelques-unes des meilleures écoles de cinéma – dont la Tisch School of the Arts (au sein de NYU) ou les départements de Columbia University – ainsi que le **Museum of the Moving Image** sur le site même des studios Astoria du Queens (*p. 101*). Les festivals attirent aussi les amateurs, comme le **TriBeCa Film Festival**, animé par De Niro (mai).

Du cinéma à la télévision

La renaissance des studios de cinéma de New York doit beaucoup à la télévision et il n'est pas rare d'assister à un tournage dans les rues de la ville. Les séries cultes comme *Sex and the City, The Sopranos, Girls, Gossip Girl* ou *NYPD,* et plus récemment *And Just Like That...,* sont très regardées et font l'objet de pèlerinages sur les lieux de tournage. Outre les séries, l'émission de divertissement *Saturday Night Live* diffusée en direct le samedi soir est un autre rendez-vous télévisuel. Elle a notamment permis de lancer Bill Murray, Eddie Murphie, John Cusack.

Des sites mythiques

Le cinéma new-yorkais conserve des images fortes comme King Kong escaladant l'**Empire State Building**. Dans un style haletant, Hitchcock met en scène Cary Grant tentant d'échapper à ses poursuivants au **Plaza Hotel** (*La Mort aux trousses*, 1959), tandis que Dustin Hoffman court autour du Reservoir de **Central Park** (*Marathon Man*, 1976). Un climat plus romantique flotte autour de Woody Allen et de Diane Keaton devant la fontaine de Bryant Park, dans *Manhattan* (1979).

New York et la musique

Musique classique

Outre le **Metropolitan Opera** au sein du prestigieux **Lincoln Center**, la ville dispose du Carnegie Hall. Les plus grands solistes et chanteurs d'opéra s'y produisent régulièrement et des compositeurs renommés tels Anton Dvořák et Tchaïkovski ont dirigé le New York Philharmonic Orchestra.

Le symbole de l'Amérique

Si le jazz est né à La Nouvelle-Orléans à la fin du 19e s., New York a accueilli les meilleurs de ses créateurs. Boîtes de jazz et dancings fleurissent dans les années 1920 à Harlem. Le Cotton Club, sur Lenox Avenue, reçoit **Duke Ellington**, **Count Basie**, **Cab Calloway**. En 1924, **George Gershwin** crée sa pièce de style jazz, *Rhapsody in Blue*. Plus tard, la 52th Street concentre les clubs importants, sans détrôner Harlem où **Ella Fitzgerald** triomphe en 1935. Le **gospel** fait vibrer les églises new-yorkaises de ses rythmes entraînants. Lester Young et Coleman Hawkins font les beaux jours de la période **swing** à New York. De 1945 à 1948, la **révolution be-bop**, par **Dizzy Gillespie** et **Charlie Parker**, déferle sur la ville. C'est dans son lit que se prépare le jazz moderne, celui des génies, **Thelonious Monk**, **John Coltrane**, **Miles Davis**. C'est à New York que se recrutent les adeptes du **free-jazz** des années 1960-1970, avant la période contemporaine où le jazz s'assagit. Aujourd'hui, toutes ses formes se retrouvent à New York, depuis les plus conventionnelles au Lincoln Center jusqu'aux clubs branchés, en passant par les festivals d'été en plein air.

Rock, folk, punk, rap...

Si le **Velvet Underground** reste l'étendard, quelques formations rock new-yorkaises ont pu ou peuvent également rivaliser avec les groupes anglais, dans des styles divers (Ramones, New York Dolls, Sonic Youth, The Strokes, Pavement, Interpol et plus récemment les très « hype » MGMT et Vampire Weekend). **Patti Smith** et **Lou Reed** ont, de leur côté, apporté une touche poétique à la brutalité du rock ambiant, et des studios d'enregistrement de qualité attirent régulièrement des artistes de renom. Par ailleurs, la ville a inspiré nombre d'artistes aussi variés que Tom Waits, Bob Dylan, U2 ou Simon & Garfunkel qui la célèbrent dans leurs chansons. *New York, New York* (chantée par Liza Minnelli) reste la plus fameuse d'entre elles. New York est aussi la ville des rappeurs et des adeptes du **hip-hop** (Jay-Z, Nas, Ma$e, Public Enemy) qui portent cette marque des rues, en résonance avec les tagueurs. Le rap se donne désormais en spectacle dans les artères de Manhattan.

Crédits photographiques p. 4-5
(de gauche à droite et de haut en bas)

lavendertime/Getty Images Plus
Gabriel Ramos/Getty Images Plus/Architecte Yoshio Taniguchi
S. Sonnet/hemis.fr
Ph. Orain/Michelin
L. Decoudin/Michelin
Ph. Orain/Michelin
TomasSereda/Getty Images Plus
deberarr/Getty Images Plus
AndreyKrav/Getty Images Plus
Vladone/Getty Images Plus

Collection sous la direction de Philippe Orain

Responsable d'édition et rédacteur en chef du guide : Eric Boucher

Secrétaire d'édition Anna Crine

Rédaction Anne-Caroline Dumas, Nora Gherras, Christine Barrely, Luc Decoudin, Victoria Jonathan, Laurence Michel, Pierre Sans,Delphine Storelli

Ont contribué à ce guide Steluța Anghel, Theodor Cepraga, Leonard Pandrea (plan transport), Costina-Ionela Lungu (**Cartographie**), Véronique Aissani, Carole Diascorn (**Couverture**), Archipel studio, Marion Capéra, Marie Simonet (**Iconographie**), Andra-Florentina Ostafi (**Données objectives**), Bogdan Gheorghiu, Cristian Catona, Gabriel Dragu, Hervé Dubois, Pascal Grougon (**Prépresse**), Dominique Auclair (**Pilotage**)

Plans et cartes : © MICHELIN 2023. All rights reserved.

Conception graphique Laurent Muller (maquette intérieure)
Véronique Aissani (couverture)

Régie publicitaire et partenariats contact.clients@editions.michelin.com
Le contenu des pages de publicité insérées dans ce guide n'engage que la responsabilité des annonceurs.

Contacts Vous souhaitez nous contacter ?
Rendez-vous dans la rubrique contact de notre site internet : editions.michelin.com

Parution 2024

MICHELIN Éditions
Société par actions simplifiée au capital de 487500 EUR
57 rue Gaston Tessier – 75019 Paris (France)
R.C.S. Paris 882639354

Toute reproduction, même partielle et quel qu'en soit le support, est interdite sans autorisation préalable de l'éditeur.

© 2024 MICHELIN Éditions - Tous droits réservés
Dépôt légal : 07-2023 – ISSN 0293-9436
Imprimeur : Estimprim, Autechaux
Imprimé en France : 07-2023

Usine certifiée 14001
Sur du papier issu de forêts bien gérées

Retrouvez-nous en ligne sur

editions.michelin.com

Scannez ici !

salihkilic/Getty Images Plus

pour découvrir tous nos produits et nos dernières actualités !

MICHELIN